AF343081

ESSAI

SUR

LES TROUPES

PROVINCIALES.

. 1773 .

TABLE
DES CHAPITRES.

TABLE DES CHAPITRES.

Fin de la Table.

AVANT-PROPOS.

ON est convenu de tous tems que les Membres d'un Etat doivent concourir également à sa conservation, & dans les commencemens de la formation des Sociétés chaque individu remplissoit personnellement ce premier devoir ; mais lorsque les Dominations se furent affermies, il se forma au milieu d'elles différens Ordres de Citoyens ; les uns se destinèrent au service des Autels, les autres à la défense de leurs Compatriotes, d'autres à la Magistrature, au Commerce, à l'Agriculture, &c.

Les occupations que leur donnèrent leurs professions respectives ne leur permettant plus alors de servir, de leurs personnes, lorsqu'il étoit question de faire la guerre, & l'Ordre qui s'y étoit particulièrement voué, (& que depuis l'on a nommé la NOBLESSE) n'étant plus suffisant pour le remplir, les autres furent forcés par la nécessité de venir à son aide, en se représentant par des subventions pécuniaires, avec lesquelles l'administration supérieure de l'Etat stipendia une derniere partie de Sujets, qui, par paresse, par libertinage ou par goût, ne tenoient à aucuns des Ordres nommés ci-deſſus , & qui ſe vendirent volontairement pour ſeconder celui de la Nobleſſe.

C'eſt cette même claſſe d'hommes qui , après des variations infinies, eſt enfin devenue ce qu'on appelle aujourd'hui TROUPES RÉGLÉES.

Mais en France , l'Infanterie que le Roi entretient ſous ce titre général , quelque nombreuſe qu'elle ſoit, ne l'eſt cependant pas aſſez , en cas de guerre , pour ſuffire en même-tems à former les armées , & à garder la prodigieuſe quantité de Places fortifiées.

Cette conſidération força Louis XIV à établir une autre eſpèce d'Infanterie pour ſuppléer à l'inſuffi-ſance des Troupes réglées lorſque les circonſtances l'exigeroient.

Ce nouveau Corps de Troupes , qui fut nommé MILICE , a ſubſiſté ſous cette dénomination juſqu'à ce qu'un Miniſtre Militaire , auſſi éclairé qu'appli-qué , & qui a reconnu l'utilité eſſentielle dont il pour-roit être au Royaume , a jugé devoir lui en donner une plus analogue à ſa nature , en le mettant ſous celle de TROUPES PROVINCIALES.

Ce changement de nom étoit néceſſaire à ſes vues ; mais il l'eſt bien davantage de corriger ce que ſa pre-mière conſtitution avoit de vicieux , & de lui en don-ner une auſſi honorable que ſolide.

C'eſt ce qu'ont commencé d'effectuer les Ordon-nances des 4 Août 1771 & 17 Avril 1772 , mais elles laiſſent encore bien des choſes à deſirer.

1°. *Elles admettent une administration secondaire*
mixte *qui s'arrangera difficilement.*

2°. *La partie de la Finance levée & employée*
pour le fait de son entretien n'a point été traitée ; il
en est de même de nombre d'autres objets intéressans.

Attaché à ce corps depuis bien des années, j'ai
fait, autant par goût que par devoir, ma principale
occupation de le connoître à fonds, & d'étudier quels
pourroient être les ressorts dont il seroit possible de
faire usage pour contribuer à la plus grande utilité de
ce précieux établissement, que je ne considère jusqu'à
ce moment que comme un bloc de marbre non dégrossi,
& sur lequel je suppose que l'habile Artiste qui projette
d'en faire un Mars, permet encore à ses aprentifs
d'exercer leur ciseau, afin que par un premier déve-
loppement des différentes parties de cette masse in-
forme, ils la préparent à recevoir de sa main savante
le fini & la vie.

C'est d'après cette supposition que j'ose présenter
ici le résultat des recherches dont je me suis occupé.
Mais avant d'entrer en matière, il est essentiel de
faire quelques observations préalables ; elles serviront
à faire connoître les principes d'après lesquels j'établis mes idées.

Le projet d'assimiler cette Infanterie à celle que l'on
appelle réglée (c'est-à-dire toujours sur pied), est
digne du génie qui l'a formé ; mais il présente quelques réflexions importantes que je vais hasarder.

Le François *est* naturellement courageux ; il apporte de plus en naissant un amour propre qui, sans se développer, se fait sentir jusques dans les individus les plus grossiers de la Nation, & les portent avec ardeur à s'exposer aux dangers.

Mais plus ces dons de la nature sont cultivés par une éducation analogue qui y joint les idées d'honneur attachées à la valeur, & les points de vues intéressans auxquels l'émulation peut conduire, plus on doit espérer du Sujet qui l'aura reçue.

De là il paroîtroit que l'on devroit conclure pour la préférence en faveur du Soldat des Troupes réglées, qui journellement instruit des prérogatives honorables attachées au métier qu'il fait, ployé à une discipline exacte, éclairé par les principes d'une Tactique géométriquement raisonnée, qui double sa force en le rendant capable d'agir collectivement, présente à l'imagination une supériorité considérable sur le Soldat Provincial.

Mais, pour en bien juger, il est nécessaire de tracer ici une esquisse du tableau que l'on doit se former de l'un & de l'autre.

Si d'un côté le Soldat des Troupes réglées joint au courage naturel des connoissances qui le mettent en état de les employer plus avantageusement dans quelques occasions ; s'il a de plus cet air leste, cette toilette recherchée, cette grace sous les armes, cette précision exacte dans l'exercice, cet ensemble dans les pas & dans les évolutions que l'on admire (peut-

être un peu abufivement) , *il eſt d'ailleurs indifférent pour le ſol qu'il défend , parce que n'y poſſédant
ordinairement rien , il eſt pour lui ſans motifs d'intérêt. De là cette inconſtance avec laquelle on le voit
porter ſa valeur & ſes talens chez l'Etranger , & en
faire le même uſage contre ſa propre Nation , ſi la
Puiſſance au ſervice de laquelle il a paſſé en devient
l'ennemie.*

Le véritable *Soldat des* Troupes Provinciales *n'a
ni ces avantages ni ces inconvéniens , & n'a abſolument de commun avec* celui des Troupes réglées *que
cette bravoure* indigène *qui eſt le propre de la Nation.
Il eſt attaché à ſes foyers & les quitte à regret; il brûle
de retourner à ſes occupations ordinaires , qui lui pré-
ſentent l'image conſolante de la liberté (il ne ſeroit
pas politique de ſouhaiter qu'il penſât autrement);
mais auſſi il ne connoît d'autre Patrie que celle où il a
reçu le jour; il ne peut penſer qu'avec effroi à la ſitua-
tion inconnue où il ſe trouveroit ſous une domination
étrangère , & s'il quitte ſon champ avec peine, comme
je l'ai dit plus haut , c'eſt juſtement parce qu'il en a
un , & qu'il craint pour lui , qu'il redouble de courage
lorſqu'on lui fait entendre qu'il ne va à la guerre que
pour le défendre , que la victoire & la paix l'y ramè-
neront; enfin , c'eſt ce qui fait qu'on ne le voit jamais
abjurer le ſervice de ſon Prince.*

Il apporte d'ailleurs un tempérament qui n'eſt pas
ruiné par la débauche , des bras d'une nervure renfor-

cée par l'habitude du travail. Il fera moins difficile sur les alimens ; la pomme de terre lui tiendra lieu de pain sans murmure , lorsque par des circonstances il s'en trouvera accidentellement privé ; il portera des fardeaux plus lourds , s'y prêtera avec moins de répugnance , fera des marches plus longues ; en un mot, il remplacera en utile ce qui lui manquera en agréable.

Quant à ce qui concerne l'instruction & la tenue , quinze * jours suffisent à des Officiers intelligens , pour lui donner à cet égard une première teinture de tout ce qui est effectivement essentiel qu'il sache & qu'il pratique à la guerre ; il prendra les autres couches en la faisant.

Je conviens cependant qu'il n'aura jamais ses boucles de cheveux si bien collées que le Soldat des Troupes réglées, mais ils seront peignés & en queue ; qu'il ne dissimulera pas aussi adroitement le ventre , mais il se tiendra dans son rang du mieux qu'il pourra pour ne pas se séparer de ses camarades ; qu'il ne levera pas la jambe comme s'il alloit danser une gigue, mais il marchera ferme & droit à l'objet vers lequel on le dirigera ; enfin , qu'il n'aura aucune des charlataneries à la mode depuis quelques années , mais qu'il aura le solide des Soldats de Condé & de Turenne , pourvu qu'on emploie le tems que je demande à lui esquisser toute la journée les principales choses nécessaires à la guerre, comme charger son fusil & à le tirer

---

* Bien des gens prendront cette assertion pour un paradoxe ; j'en offre la preuve d'après l'expérience.

souvent, afin de l'accoutumer au bruit, au feu & à la fumée que cette arme produit, le tout sans exiger de lui un Cours de Géométrie. Je conviens encore qu'a-près cela il ne tirera pas six ou sept coups par minu-tes, mais il chargera bien; & si on lui persuade que le but de la guerre est de détruire beaucoup d'enne-mis, que c'est de là que dépend la paix, & par con-séquent son retour chez lui & sa tranquillité, il visera à des hommes; & s'il tire deux ou trois coups en un demi-quart d'heure, & qu'il ait mis un ou deux hom-mes à-bas, il aura bien dédommagé de cette vîtesse, qui fait plus de tapage que de besogne.

Mais l'objet le plus intéressant de l'instruction portera sur la maniere de se servir de la bayonnette jointe au fusil; on lui apprendra à la croiser par des attaques feintes & répétées matin & soir; & si le Génie tutelaire de la France ramène l'Infanterie Françoise à combat-tre selon le caractere que la nature lui a donné, on verra si les bras nerveux du Soldat Provincial, accou-tumés à manier des instrumens d'Agriculture ou mé-chaniques, lourds & grossiers, ne se feront pas un jeu de l'usage de cette arme combinée, & si la force avec laquelle ils asseneront leurs coups ne compensera pas utilement la grace qui pourra y manquer.

Des avantages & des inconvéniens que je viens d'exposer, il découle que bien que la balance soit effec-tivement en équilibre, l'assimilation desirée ne peut cependant être rigoureusement prétendue dans toute l'énergie du terme, c'est-à-dire, qu'il y ait une entière *reſſemblance extérieure entre ces deux Infanteries, qui ne peut & qui ne doit jamais arriver* ; mais l'adminiſtration peut être certaine qu'elle la trouvera dans l'eſſentiel, & que ces Troupes bien traitées & bien conduites opéreront les mêmes effets que les Troupes réglées, & ſi ſur-tout elle ſe fait un point principal de réformer les idées que ces deux Corps ont l'un de l'autre, c'eſt-à-dire :*

1°. Qu'elle perſuade le Soldat des Troupes réglées, qu'il doit conſidérer & eſtimer le Soldat Provincial, & ne pas s'imaginer être quelque choſe de ſupérieur à lui.

2°. Qu'elle engage celui-ci à s'eſtimer aſſez lui-même, pour ne regarder l'autre que comme un camarade ſon égal.

*Sans cela l'édifice croule par la baſe, & cette baſe ne peut avoir la force néceſſaire pour l'élever & le ſoutenir ſi les Graces Militaires (ſoit honorables, ſoit lucratives), inſtituées pour l'Officier**, ne ſont*

---

* Pour l'eſpérer ; il faudroit pendant la paix les tenir long-tems ſur pied, & par conſéquent les enlever à leurs travaux ruſtiques, ce qui feroit le plus grand mal qui pût arriver à l'Etat.

** Telles que la Croix de Saint-Louis, les emplois de l'Etat-Major des places, l'Hôtel des Invalides, &c.

Quant au Soldat Provincial (*ſuivant mes principes*) il ne peut jamais être ſuſceptible des graces accordées par l'Ordonnance du 16 Avril 1771, c'eſt-à-dire, des hautes paies attribuées aux rengagemens, non plus que de la marque de Vétérance, parce que je lui interdis abſolument la liberté de faire un ſecond tems de ſervice dans les Troupes Provinciales. Il en eſt d'autres analogues à ſa manière d'être utile à la ſociété, qui peuvent lui tenir lieu de celle-là ; j'en parlerai dans le Chapitre 4 ; mais à l'égard de l'Hôtel des Invalides, s'il devoit y avoir de la préférence, elle ſeroit due au Soldat Provincial (*tel que je l'entends, c'eſt-à-dire, non ſubſtitué*) ; car, forcé de faire un métier auquel il ne s'eſt pas deſtiné, s'il vient à être eſtropié ou à perdre ſa ſanté pendant le tems de ſon ſervice, & par les cauſes directes ou indirectes de ce même ſervice, il eſt aſſurément bien plus juſtement dans le cas de mériter cette retraite que le Soldat

accordées dans l'un & dans l'autre de ces Corps avec une parfaite égalité. La plus légère préférence en faveur des Troupes réglées, feroit une marque de mépris pour les Troupes Provinciales. Le propre du mépris est de flétrir l'ame de celui qu'il a pour objet; il rougit d'abord de l'opprobre dont on le couvre, enfuite il s'accoutume peu à peu à fe croire méprifable, & finit par mériter de l'être.

L'erreur oppofe à ce principe, que l'Officier & le Soldat des Troupes réglées fert continuellement; qu'au contraire, dans les Troupes Provinciales il n'a qu'un moment d'exiftence*, & qu'il eft rendu à lui-même le refte de l'année.

Cette objection, fille de la prévention la moins réfléchie, eft auffi futile qu'injufte. Examinons-la fans partialité.

L'Officier des Troupes Provinciales eft (ou doit être), pour la naiffance, de la même efpèce que celui des Troupes réglées, mais il eft ordinairement moins favorifé de la fortune, & c'eft la feule raifon qui le prive d'entrer dans ces dernieres, où le luxe a introduit la néceffité d'avoir du bien perfonnellement pour s'y foutenir, bien que le Roi donne des appoin-

---

volontaire, qui a déja reçu le prix de fon fang en s'engageant : à Dieu ne plaife cependant, que je penfe que celui-ci dût en être privé; mais les droits du Soldat Provincial, pour y prétendre, me paroiffent plus juftement fondés & plus touchans.

* En tems de paix, car en tems de guerre toute efpèce de différence ceffe, & fouvent le Provincial eft bien plus fatigué que l'autre; c'eft ce que l'on n'a que trop vu la Guerre dernière Voyez ma première Lettre fur la Milice, imprimée en 1770.

temens très-suffisans, si l'on vouloit se contenter d'un honnête nécessaire.

C'est donc à l'Officier riche que l'Etat fait un traitement annuel en argent, & auquel il fournit encore nombre d'autres douceurs, tel que le logement, &c. le tout pour l'engager à servir dans un Corps qui lui présente en même-tems l'expectative de faire plus promptement son chemin.

*Le Soldat des mêmes Troupes, qui, par les motifs que j'ai exposés ci-dessus *, vend sa liberté volontairement, trouve de son côté, vêtement, logement & subsistance.*

Au contraire, on ne donne rien en tems de paix à ces pauvres Gentilhommes, forcés par la pénurie de leurs moyens à servir dans les Troupes Provinciales; car c'est assurément ainsi que l'on doit considérer la modique somme qu'on leur fait payer pour les Assemblées, & qui suffit à peine pour leur donner le moyen de s'y rendre & d'y subsister pendant qu'elles durent. Sont-elles finies? il faut qu'ils retournent à leurs chaumières, attendre dans la misère & dans une obscure oisiveté l'avenir douteux du renouvellement de cette existence momentanée.

Le Soldat Provincial, que l'on n'a point consulté sur son goût pour l'Etat Militaire, & dont le bien périclite pendant les absences plus ou moins longues

---

* Il faut observer que dans les Troupes réglées l'Officier est à son aise, & le Soldat un haut-le-pied qui ne possède d'ordinaire aucun patrimoine, tandis que c'est précisément le contraire dans les Troupes Provinciales.

auxquelles le service le néceſſite, eſt dépouillé de la tête aux pieds lorſque le beſoin que l'on a de lui ceſſe d'avoir lieu.

Enfin tout eſt perte pour celui-ci (Officiers & Soldats); tout eſt gain pour les précédens.

Voyons actuellement ſi les premiers méritent juſtement la préférence d'un traitement ſi avantageux & ſi différent de celui que reçoivent les autres, en comparant leurs poſitions reſpectives.

Pendant la Paix, la vie des Officiers des Troupes réglées eſt un tiſſu de plaiſirs, & ce ſeroit certainement leur manquer que de ne pas comprendre ſous cette dénomination, les ſoins qu'ils doivent journellement à leurs Soldats, & le tems qu'ils donnent aux exercices; ils emploient d'ailleurs le reſte du jour aux occupations qu'il leur plaît de ſe choiſir, & ſont les maîtres de ſe livrer aux agrémens de la ſociété qu'ils trouvent dans les garniſons où ils ſont recherchés, & fêtés de tous les honnêtes gens. Quant à la table, ils ſont plus abondamment & auſſi délicatement ſervis dans leurs auberges (qui ne ſont cependant que le pis-aller de la plûpart d'entr'eux), que ne peut être un Citoyen qui jouit à Paris de quinze mille livres de rente; & un appartement qui ne leur laiſſe rien à deſirer des commodités de la vie, & qui ne leur coûte rien, les attend lorſqu'ils jugent à propos de s'y retirer.

A l'egard des Soldats, c'eſt une pitié que les propos que l'on entend faire ſur leurs prétendues fatigues, dans leſquelles on oſe même trouver des excuſes à la défertion. Ce qu'il y a de plus étonnant, c'eft que des Officiers y croient & les répètent. Une nuit à paffer au corps de garde tous les cinq ou fix jours, fix heures de fentinelle à faire alors, mais à plufieurs reprifes différentes, font pourtant les plus terribles; & l'on jugera à quoi elles méritent d'être légitimement appréciées, fi l'on confidére qu'ils ont une bonne chambre, du feu (fi c'eft l'hiver), & un lit de camp pour fe repofer lorfque leurs factions feront finies.

Quant aux occupations des jours qu'ils ne font pas de fervice, elles confiftent à nétoyer leurs armes, leurs habits, quelques heures de pirouettes & de manœuvres, qui leur procurent un mouvement néceffaire à la fanté; en vérité, c'eft une chofe bien peu militaire & bien ridicule que les Jérémiades que l'on entend faire fur cet objet; ils n'ont encore que trop de momens vuides dans la journée, & qu'ils emploient à jouer, dormir fur un rempart, &c.

Paffons à l'Officier & au Soldat des Troupes Provinciales, & mettons les gens impartiaux en état de juger s'ils ne méritent pas au moins autant de confidération que les autres, quoiqu'ils ne faffent pas l'exercice & ne montent pas la garde toute l'année.

Le premier, dans un coin de fa Province (je parle pour le général), mal nourri, mal logé, plus mal couché, obligé fouvent de cultiver fon champ de fes propres mains, pour qu'il lui procure fa fubfiftance, & pour tout délaffement le coup d'œil d'une famille, quelquefois auffi nombreufe que mal à fon aife, fou-

pire avec raison après l'heureux fort de l'Officier des troupes réglées.

Quant au Soldat, la différence est si prodigieuse, qu'elle est hors de toute comparaison. Courbé sous le faix du travail depuis la pointe du jour jusqu'à la nuit, après avoir sué sang & eau toute la journée, que trouve-t-il lorsqu'il retourne à sa cabanne? Du pain noir, qu'il n'a pas toujours en suffisance, & quelques légumes; car pour de la viande, s'il en mange, c'est aux quatre bonnes fêtes de l'année; enfin, un tas de paille, ou tout au plus, un méchant grabat, s'offre à ses membres harrassés, lorsque la nature le force à chercher un peu de repos.

Pour qui vit-il ainsi? Pour l'Etat en général. Pour procurer les productions de la terre, sur lesquelles portent les impôts, dont le produit sert à l'entretien des Troupes réglées.

RÉSUMONS.

Par tout ce que je viens de dire, je crois avoir démontré;

1°. Que l'établissement des Troupes Provinciales est aussi juste qu'indispensable en France.

2°. Que l'état de l'Officier & du Soldat des Troupes réglées est un état heureux; & les prétendues fatigues de ce dernier, des chimères.

3°. Que celui de l'Officier & du Soldat Provincial est triste pour l'un & très-dur pour l'autre, qui joignant le titre d'Agriculteur, Vigneron, &c. à celui de Soldat, & servant par conséquent effectivement sa Patrie en tout tems, mérite d'elle une double confidération.

4°. Que c'eſt du réſultat de la combinaiſon des vertus & des vices, des bonnes & mauvaiſes qualités de ces deux eſpèces d'hommes, que reſſortira la ſeule aſſimilation que l'on peut raiſonnablement attendre, & non des minuties extérieures, toujours inutiles à la guerre, & qui n'ont pour elles que l'attrait d'un coup d'œil ſéduiſant, mais qui n'eſt que l'acceſſoire (& peut-être pis) du métier, & que le Militaire inſtruit ſçait réduire à ſa juſte valeur.

5°. Qu'enfin les grâces doivent être réparties dans la plus parfaite égalité entre ces deux Corps, ſi l'on ne veut bleſſer l'équité, & s'écarter de la bonne politique.

Au ſurplus, ſi jamais ce précieux établiſſement peut être mené au point de perfection dont il eſt ſuſceptible, c'eſt aſſurément ſous un Miniſtre tel qu'eſt celui qui tient aujourd'hui les rênes de cette partie importante de l'adminiſtration.

Puiſſe ce foible Eſſai lui paroître mériter ſon attention, & renfermer quelques idées utiles ; il n'y en trouvera que de ſimples, telles que beaucoup d'application, une longue pratique, & peut-être un peu de bon ſens ont pu me les dicter ; & je ne peux m'empêcher d'avouer qu'il y en a que je crois propres à ſtimuler le zèle du Corps en faveur duquel j'écris, & à le mettre en état de mériter juſtement les récompenſes des effets qu'il produira.

ESSAI

ESSAI

SUR

LES TROUPES

PROVINCIALES.

CHAPITRE PREMIER.

Du nombre auquel le Corps des Troupes Provinciales peut être politiquement porté, soit en tems de Paix, soit en tems de Guerre, & de sa composition.

LE nombre dont les Troupes Provinciales peut être composé dans quelque Etat que ce soit, doit toujours être combiné sur sa population. En France cet objet a beaucoup varié. En 1726, lors de l'établissement de la Milice,

A

ce Corps fut porté à 60000 hommes. En 1733,
il a été poussé jusqu'à 86868 ; enfin, par l'Ordonnance du 27 Novembre 1765 , il étoit à
74550 , & celles des 4 Août 1771 , 17 Avril
1772 & 7 Avril 1773 paroissent la confirmer ;
mais il pourroit être aisément porté à 76800
hommes, sur-tout en bornant les Exemptions.
Ce nombre ne seroit cependant jamais assemblé que dans les cas forcés , & pour obvier aux
inconvéniens inséparables des opérations subi-
tes , que les circonstances rendent quelquefois
indispensables, lorsque l'administration se trouve
forcée de passer les justes bornes qu'elle s'est
prescrites, je voudrois qu'en général il fût établi sur trois pieds différents.

S a v o i r :

Le pied forcé qui seroit donc de . 76800 hom.
Le pied de Guerre de . . . . 57600.
Le pied de Paix de . . . . 38400.
Le premier existeroit effectivement , mais ne
seroit assemblé, comme je viens de le dire, que
dans les cas extraordinaires.

Le second , d'un quart moins fort , ne seroit
assemblé que lorsque la Guerre se déclareroit.

Le troisième , qui ne formeroit que la moitié
du tout , s'assembleroit annuellement en tems de
Paix, tant pour avoir un secours d'hommes débou-
rés sur les instructions & la Discipline Militaire ,
que pour maintenir les Peuples dans l'habitude de
cet assujettissement patriotique & indispensable.

Mais ces différens pieds ne changeroient rien
au nombre de Bataillons, non plus qu'à celui des
Compagnies, toute la variation porteroit sur la

force de ces dernieres, qui augmenteroient ou diminueroient * suivant le besoin.

Ce Corps entier seroit divisé en quatre Dé-partemens généraux, douze Inspections particu-lieres, vingt-quatre Brigades, quarante-huit Ré-gimens, quatre-vingt-seize Bataillons.

Les Régimens seroient de deux Bataillons.

Les Brigades de deux Régimens.

Les Inspections particulieres de deux Brigades.

Les Départemens généraux de trois Inspec-tions.

En supposant donc qu'en général il fût fixé à 75800 hommes,

Les Bataillons sur le pied forcé seroient de 800.

Sur le pied de Guerre de . . . . 600.

Sur le pied de Paix de . . . . 400.

Les Compagnies de Grenadiers seroient en tout tems au même nombre.

S A V O I R :

La premiere à 51 hommes & la seconde à 61.

Celles des Fusiliers varieroient suivant les trois cas proposés, & seroient de 86 au premier, de 61 au second & de 36 au troisième.

De cette manière les Départemens généraux se trouveroient composés de 19200 hommes.

Les Inspections particulieres de 6400.

Les Brigades de 3200.

Les Régimens de 1600.

Enfin, les Bataillons, comme je l'ai expliqué ci-dessus.

---

* Il faudroit seulement avoir l'attention de faire ces opérations par des nombres quarrés, à cause de l'arrangement général que j'établis.

Ces ſubdiviſions ſubordonnées les unes aux autres faciliteroient la manutention générale de ce Corps, & par leur moyen le Miniſtère pourroit aiſément appercevoir les abus, & même les ſimples irrégularités qu'on tenteroit d'y introduire, ſur-tout lorſque l'examen le plus ſévére préſideroit au choix des Officiers, tant ſupérieurs que ſubalternes, deſtinés à y ſervir; & comme l'obéiſſance la plus entiere eſt eſſentielle au ſuccès d'un établiſſement de cette eſpèce, il ſeroit néceſſaire que les grades caractériſent naturellement la ſupériorité ou l'infériorité; par exemple, les Départemens généraux ſeroient commandés par des Lieutenans-Généraux.

Les Inſpections particulières par des Maréchaux de Camp.

Les Brigades par des Brigadiers.

Les Régimens par des Colonels.

Enfin, les Bataillons, ſous les ordres de ces derniers, ſeroient commandés ſubordonnément par les Lieutenans-Colonels & Majors.

Je parlerai de la compoſition intérieure de ces Régimens dans le Chapitre ſuivant.

CHAPITRE

2.

Des Exemptions.

L'homme qui penſe eſt affligé lorſqu'il jette les yeux ſur cette énorme Liſte d'Exempts de tirer au ſort pour le ſervice des Troupes Provinciales, que préfente l'Ordonnance du 27 Novembre 1765 ; mais il eft indigné quand il voit l'efpèce de gens que l'on admet à jouir de ce privilége , toujours injufte , mais odieux lorfqu'il eft l'effet de la prévention gratuite.

Cet affujettiffement, bien que de droit naturel en remontant à fon principe, n'en eft pas moins gênant pour ceux qui y font foumis. Jufqu'à préfent fon poids a principalement porté fur les Agriculteurs, claffe d'homme précieufe à l'Etat, & fans laquelle les autres ne fubfifteroient pas ; il feroit certainement auffi politique qu'équitable de le leur alléger, en le faifant partager à un nombre infini de Citoyens compris dans les autres claffes, qui peu à peu s'y font fouftraits fans que leurs naiffances, emplois, charges ou profeffions, puiffent juftifier de ces Exemptions ufurpées, & qui ne pourroient être tout au plus légitimement prétendues, que par * la Nobleffe & la haute Magiftrature ; car n'eft-il pas abfurde qu'elles foient accordées aux Marchands & Artifans non mariés, au principal Commis d'un Négociant en gros, aux Monnoyeurs, Ajufteurs, &c. aux Pourvûs de Charges de Juftice & de Finance, tels qu'Echevins, Affeffeurs, Procureurs, & à leurs enfans, & à prefque tous ceux qui font compris dans la Lifte révoltante que je viens de citer.

Tôt ou tard l'Adminiftration ouvrira les yeux fur cet abus ; mais quand elle entreprendra de le

---

* Je ne parle pas du Clergé, l'exemption eft de droit pour cet Ordre ; mais cependant elle ne devroit, je crois, avoir lieu que pour les Sujets engagés dans les Ordres ; & non pour cette foule inombrable de Tonfurés, qui n'ont d'Eccléfiaftique qu'un habit noir & un manteau court.

réprimer, elle doit s'attendre à des clameurs infinies de la part de ces hommes nouveaux, enri-
chis par les manœuvres obſcures de la Chicanne,
par les opérations frauduleuſes de la Finance,
&c. ; & comme il n'y a point de cauſe, ſi mau-
vaiſe qu'elle ſoit, à laquelle la cupidité, l'envie,
l'ignorance ou la cauſticité ne procurent des dé-
fenſeurs, ainſi que des critiques aux plus ſages
établiſſemens, déja les voix de ceux-ci s'élevent,
& on les entend s'écrier par preſſentiment * contre celui des Troupes Provinciales.

Ils diſent d'abord qu'il eſt injuſte en général,
parce que les Peuples ont conſenti de payer la
Taille au Roi, à la condition qu'il l'employeroit
à ſolder des Troupes pour les défendre & pour
aſſurer leur tranquillité.

Deſcendant enſuite dans les détails, & aban-
donnant ſans peine le Payſan & le Vigneron, la
plus grande chaleur de leurs déclamations s'exhale
en faveur des Habitans des Villes (*dont la plupart
d'eux ſont partie*) ; eſt-il naturel, diſent-ils, d'exiger que le fils d'un homme riche, qui l'a fait élever ** avec ſoin (*c'eſt-à dire avec les entours du luxe
& de la vanité*) devienne, par le ſort, le camarade
de chambrée de ſon fermier ou de ſon laquais?

Ils ajoutent que d'ailleurs ces honnêtes Citoyens

---

* L'on aſſure que le Miniſtre s'occupe de mettre ordre à cet abus,
& que l'Ordonnance qui doit paroître reſtraindra ces exemptions.

** Cette éducation même eſt un vice dans notre conſtitution politique ; elle eſt cauſe de toutes les aventures qui arrivent dans la Société, où il n'y a plus de diſtinction dans les états ; en un mot, le fils
d'un Artiſan, d'un Procureur, &c. ne doit point être élevé comme
celui d'un Préſident, ni celui d'un Commis comme celui d'un Duc. Si
cela étoit ainſi réglé, l'ordre ſuccéderoit à la confuſion & à l'inſu-
bordination, chacun reſteroit dans ſa *caſte*, & ſûrement tout en
iroit mieux : c'étoit le ſentiment de l'illuſtre & reſpectable Auteur
de Télémaque.

fervent l'Etat dans des charges, emplois ou pro-feſſions, qu'ils payent différens droits, impôts, & augmentent d'autant les revenus du Roi par la conſommation & les autres dépenſes que leurs fortunes les mettent en état de faire, & nombre d'autres propos auſſi futiles.

Mais on peut leur répondre :

1°. Qu'il n'eſt pas clair que les peuples ſe ſoient rachetés par la Taille du ſervice Militaire indivi-duel. Il paroît bien plutôt que ce ne fut que pour ſe débarraſſer du logement des gens de Guerre qu'ils la payerent à Saint-Louis & enſuite à ſes Succeſſeurs ; mais certainement, quoi qu'il en ſoit, cette taxe ne les diſpenſoit point de mar-cher en perſonne lorſque le Roi l'ordonnoit.

Les Etabliſſemens Militaires des Compagnies d'Ordonnances & de Francs-Archers, ſous *Charles VII*, & ſoudoyés par lui, n'avoient pour objet que de ſe procurer des Troupes toujours ſur pied, & en pouvoir d'agir d'un moment à l'autre, tant pour éviter les longueurs indiſpenſables de l'aſ-ſemblée des Communes, que pour ne pas être obligé de diſtraire les gens de la campagne de leurs occupations rurales, à moins d'un beſoin urgent ; mais d'un côté c'étoit la politique, & de l'autre la bonté du Maître qui avoient dicté ces créations, & non pas que les Peuples euſſent au-cun droit de les prétendre.

2°. Que loin que les Habitans des Villes duſ-ſent être écoutés dans leurs injuſtes réclamations, il faudroit au contraire leur faire expier leur vie ſybarite & à charge à la ſociété, en les obligeant de préférence à ce ſervice perſonnel & non ra-chetable ; & s'il y avoit quelques graces à faire à cet égard, elles devroient être pour les hommes utiles, qui, par leurs travaux, font les vrais foutiens de ce même Etat, dont les autres font les Wampires.

Mais, encore une fois, ni les premiers, & certainement encore bien moins les feconds, n'ont non-feulement pas le plus léger droit de fe plaindre d'être obligés de donner quelques années de leur vie * au fervice de la patrie, mais ils ne le devroient même pas, en ne confultant que leur propre intérêt ; car en fuppofant pour un inftant que les Peuples fe fuffent effectivement rachetés de l'affujettiffement perfonnel au fervice Militaire, fi les événemens qui fe font fuccédés, & qui ont augmenté l'étendue du Royaume, requefent un plus grand nombre de défenfeurs, & que la fomme payée au Roi ne fuffife pas pour les entretenir, je demande à l'habitant quelconque,

---

* Voici ce que dit à ce fujet le Maréchal de Saxe, Tom. Ier. Chap. premier, pag. 9 de l'Edition *in-4°.* de 1757 : *Ne vaudroit-il pas mieux établir, par une loi, que tout homme de quelque condition qu'il fût, feroit obligé de fervir fon Prince & fa Patrie pendant cinq ans ; cette loi ne fauroit être défapprouvée, parce qu'elle eft naturelle, & qu'il eft jufte que les Citoyens s'emploient pour la défenfe de l'Etat ; en les choififfant entre vingt & trente, il n'en réfulteroit aucun inconvénient ; ce font les années du libertinage, où la jeuneffe va chercher fortune, court le Pays, & eft de peu de foulagement à fes parens. Ce ne feroit pas une défolation publique, parce que l'on feroit sûr que les cinq années révolues l'on feroit congédié. Cette méthode de lever des Troupes feroit un fonds inépuifable de bonnes & belles recrues, qui ne feroient pas fujettes à déferter, l'on fe feroit même par la fuite un honneur & un devoir de fervir fa tâche ; mais pour y parvenir, il faudroit n'en excepter aucune condition, être févère fur ce point, & s'attacher à faire exécuter cette loi de préférence aux Nobles & aux Riches, perfonne n'en murmureroit ; alors ceux qui auroient fervi leur tems verroient avec mépris ceux qui répugneroient à cette loi, & infenfiblement on fe feroit un honneur de fervir ; le pauvre Bourgeois feroit confolé par l'exemple du Riche, & le Riche n'oferoit fe plaindre voyant fervir le Noble. La Guerre eft un métier honorable. Combien de Princes n'ont-ils pas porté le Moufquet, témoin M. de Turenne; combien d'Officiers n'ai-je pas vu le reprendre, plutôt qu'une condition vile : ce n'eft donc que la molleffe qui feroit paroître à quelques-uns cette loi dure.*

s'il préférera de voir l'ennemi infester ses foyers, à suppléer dans l'occasion inviduellement & d'abondant à leur conservation.

Mais si d'un côté cet assujettissement est juste, il l'est également que la répartition en soit exécutée avec la plus scrupuleuse équité , & que d'ailleurs on s'attache à le leur rendre utile, soit par la perspective des priviléges * qu'il est facile d'attacher à la qualité de Soldat Provincial, soit agréable, en leur faisant pendant la paix un amusement des instructions préalables qu'il seroit convenable de leur donner les Dimanches & Fêtes pendant le courant de l'année, pour leur échantillonner le métier qu'ils peuvent être dans le cas de faire un jour.

J'avoue, au surplus, que c'est à regret que je sens la nécessité d'amalgamer ce deux espèces d'hommes ** ensemble pour former les Troupes Provinciales, & qu'elles seroient bien supérieures en utilité, si elles pouvoient n'être composées que de paysans, dont les estomacs accoutumés à une nourriture grossière, & les corps à des travaux journaliers, sont infiniment plus propres à soutenir les fatigues de la Guerre que les citoyens des Villes; c'étoit ainsi qu'en pensoit un Auteur *** Militaire des plus estimés, & certainement qui mérite de l'être.

Mais, encore une fois, cela seroit injuste ; &

---

* Il y en a déja d'établis par les Ordonnances , mais ils sont insuffisants. *Voyez* dans le Chapitre 4 la marque distinctive que je propose.

** Les gens de la campagne & les Habitans des Villes.

Je pencherois à proposer d'en former des corps distincts , dont les uns seroient employés en campagne, les autres en garnison.

*** Vegece, Liv. Ier. Chap. premier, Paragraphe 3, Traduction de M. de *Sigrais*, Edition de 1759 , dit : *Je ne crois pas qu'on ait jamais pu douter que les gens de la campagne ne soient plus propres à porter les armes , &c.*

parce que ceux-ci feroient plus convenables à la chofe, il y auroit de l'inhumanité à la leur faire remplir feuls; il faudroit feulement s'appliquer à corriger dans les autres ce que l'habitude du luxe & l'éducation urbaine qu'ils ont reçue, ont pu leur faire contracter de contraire à la profeſſion des armes, en fuivant ce que prefcrit le même Tacticien; & comme les préjugés s'oppofent à l'entiere exécution du fentiment de M. le Maréchal de Saxe, je voudrois au moins qu'en s'en écartant le moins qu'il feroit poſſible, on formât un cadaftre détaillé & rendu public, des Citoyens à tirer au fort, & de ceux qu'il plairoit au Roi d'en excepter, & que l'on établît fur-tout, que le fervice feroit rempli, perfonnellement, par celui que le fort auroit défigné.

CHAPITRE

3.

Du Tirage.

C'est un préjugé auſſi faux qu'accrédité, que l'adminiftration civile eft abfolument effentielle, & la feule qui foit capable de tranfmettre aux Peuples les volontés du Roi, & de les leur faire exécuter avec cette juftice, cette douceur, & furtout cette équité que l'humanité exige, que Sa Majefté defire, & dont les principes font dans fon cœur; un Militaire qui a de l'honneur & de l'intelligence peut tout auſſi bien qu'Elle exécuter un Tirage de Troupes Provinciales, & même fans fon concours.

Il y a plus, & l'on ne craint point de l'avancer ; *l'établissement des Troupes Provinciales ne peut souffrir d'administration* MIXTE *, il faut absolument qu'elle soit toute* CIVILE *ou toute* MILITAIRE *,* sinon le pouvoir des deux Ordres s'entrechoqueroit sans cesse, il en naîtroit des conflits de jurisdiction, occasionnés quelquefois par des mal-entendus, souvent par de l'humeur, l'aigreur s'en mêleroit, & il ne résulteroit de ces opérations mal combinées que la chûte de l'édifice & le cahos le plus complet.

Pour dissiper l'erreur commune dans laquelle bien des gens sont, que les Tirages de l'ancienne Milice étoient le chef-d'œuvre de l'esprit humain, il faut établir en quoi consistoient les arrangemens au moyen desquels ils s'effectuoient.

1°. L'Intendant se faisoit rendre compte de la population masculine de sa Généralité.

2°. Il déterminoit en conséquence le nombre de Miliciens que les Villages pouvoient fournir relativement au contingent général fixé par la Cour.

3°. Il indiquoit le lieu du Tirage, & ordonnoit le jour auquel les Garçons devoient s'y trouver.

4°. Enfin, il présidoit journellement, ou par ses Subdélégués, au Tirage, & faisoit signaler les Miliciens.

La premiere de ces opérations, & en mêmetems la plus importante, ne coûtoit aux Intendans qu'une circulaire à leurs Subdélégués * ; ceux-ci écrivoient aux Commandans des Brigades de Maréchaussées de visiter les Villages, Hameaux, Censes, &c. de leurs districts respectifs, & de leur apporter la nomenclature des Garçons depuis l'âge de dix-huit ans jusqu'à quarante.

---

* Je tiens ceci mot à mot d'un Subdélégué fort instruit.

Sur ces rapports le Subdélégué formoit un état
général qu'il adreſſoit à l'Intendant, lequel,
dans ſon cabinet, faiſoit la répartition de la levée
propoſée, en déterminant le nombre d'hommes
que chaque lieu devoit fournir.

Cet état, arrêté par lui, étoit renvoyé au Subdélégué, qui avertiſſoit les Maires, Syndics, &c.
d'amener les Garçons de leurs Villages à l'endroit
indiqué pour faire le Tirage de la Subdélégation,
& ce rendez-vous étoit pour l'ordinaire le lieu de
ſa réſidence; le jour indiqué, l'opération ſe faiſoit ſous les auſpices menaçans d'une nombreuſe
Maréchauſſée, ſoit que l'Intendant s'y rendît en
perſonne, ſoit que le Subdélégué ſeul y préſidât.

Lorſqu'un homme avoit tiré le Billet noir, il
étoit enregiſtré, ſignalé & renvoyé chez lui. Le
Subdélégué formoit un Contrôle général des ſigna-
lemens des Garçons auxquels le ſort étoit échu,
l'envoyoit à l'Intendant, & les choſes reſtoient
en cet état juſqu'à ce qu'il plût au Roi d'ordonner une aſſemblée.

Telle a été juſqu'aujourd'hui toute la Magie
qui a été employée pour exécuter un Tirage de
Milice; & ſi l'intention du Roi étoit que celui
qui vraiſemblablement aura lieu inceſſamment
s'opérât militairement, il ne faudroit que puri-
fier & étendre ces moyens (*car le canevas eſt bon*),
& en confier l'exécution à des Inſpecteurs * intè-
gres, qui s'en occupaſſent privativement, & qui
ſuſſent joindre à l'autorité le talent de ſe faire
eſtimer, aimer & obéir.

L'Inſpecteur qui ſeroit chargé du Tirage com-

---

* Il ne leur faut pour cette beſogne que le ſens commun, une pro-
bité intacte, du goût pour le travail & de la ſanté.

menceroit par prendre par lui-même une connoiſ-
ſance exacte de la population de la Généralité qui
lui ſeroit confiée en la parcourant ; mais avant
qu'il procédât perſonnellement à cette reconnoiſſance, il ſeroit néceſſaire que le Miniſtre adreſſât
circulairement des ordres aux Commandans *
des Brigades de Maréchauſſées de faire (*pour cette
premiere fois ſeulement*) un relevé des Garçons qui
exiſtent dans les Villages, certifié par le Curé du
lieu & par le Receveur des Tailles de l'Election.

Ces états envoyés au Miniſtre, mis en ordre
dans ſes bureaux, & remis par lui au ſuſdit Inſpecteur, ſerviroient à ce dernier de guide dans la
tournée qu'il auroit à faire ; & par la vérification
à laquelle ils lui ſerviroient, il détermineroit le
nombre d'hommes que chaque lieu devroit équi-
tablement fournir ; le Miniſtre l'autoriſeroit à ſe
faire ſeconder dans cette opération par les Officiers de l'Etat-Major des Régimens Provinciaux,
& par un Commiſſaire de Guerre.

La reconnoiſſance & vérification faite, & le
contingent déterminé, pour éviter la confuſion
qu'occaſionneroit la multitude **, l'Inſpecteur indiqueroit pluſieurs endroits différens pour y faire
les Tirages, en obſervant de les choiſir dans le
centre d'un cercle, dont les demi-diamètres ne
s'étendroient pas à plus de deux ou trois lieues.
Cet arrangement ſeroit l'effet d'un léger travail à

---

* Ce ſeroit déſormais, comme on le verra ci-après, à quoi ſe
réduiroit l'emploi de cette Troupe, relativement aux opérations des
Tirages & aſſemblées des Troupes Provinciales ; mais il n'en ſeroit
pas moins eſſentiel qu'elle eût des ordres poſitifs & abſolus d'exécuter ſans difficulté tout ce qui lui ſeroit preſcrit par l'Inſpecteur.

** Je ſuppoſe que l'adminiſtration auroit déterminé le funeſte article des Exempts.

faire fur les Cartes particulières des Elections de la Généralité.

Loin d'appuyer l'autorité du Roi dans l'exécution de ces tirages, par l'appareil effrayant de la Maréchauffée, Troupe effentielle, mais deftinée à contenir les fcélérats & à faire punir les malfaiteurs, & qui ne devroit pas être mife en ufage vis-à-vis d'innocens Citoyens, il faudroit, au contraire, n'employer d'autres moyens que ceux qui par leur nature feroient propres à leur infpirer la plus entiere confiance dans les bontés du Souverain, & à les amener à envifager avec moins de répugnance un état auquel ils ne s'étoient pas voués.

Mais comme la prudence exige de l'adminiftration, que lorfqu'il fe raffemble beaucoup d'hommes dans un même lieu l'on prenne des précautions pour éviter qu'un ivrogne ou un mutin n'y caufe du trouble, ce feroit dans la chofe même qu'on les prendroit, en affemblant à cet effet une Compagnie de Grenadiers Royaux ou Provinciaux pour affurer la tranquillité du Tirage. Les Garçons qui verroient leurs freres, leurs coufins, leurs amis, &c. fous la décoration militaire, fe familiariferoient d'avance avec l'état de Soldat, au lieu de s'en effaroucher.

Lorfque le moment du Tirage auroit été déterminé, l'Ordre du Roi en feroit annoncé par des Placards imprimés dans la forme dont on propofe un modèle * ci-joint ; ils feroient envoyés aux Curés & aux Commandans de la Maréchauffée ; les premiers les publieroient au prône trois Dimanches confécutifs.

---

* Voyez la Pièce N°. premier, intitulée *Commandement*, à la fin du préfent Chapitre.

Les autres auroient soin de les faire afficher à la porte des Eglises & autres lieux apparens & fréquentés ; ils en remettroient de plus quelques exemplaires au principal Officier Municipal, en le sommant de faire assembler la Communauté au son de la cloche, & de lui faire lecture à haute & intelligible voix du susdit Ordre du Roi.

Le jour choisi pour procéder au Tirage, l'Inspecteur, assisté d'un Commissaire des Guerres & accompagné des Officiers supérieurs des Régimens Provinciaux de la Généralité, se rendroit à la Paroisse pour y assister à une Messe * qu'il feroit célébrer ; après quoi il se porteroit sur le lieu indiqué, qui seroit toujours choisi spacieux & découvert ; il seroit même à desirer que ce fût hors de l'habitation, & dans un endroit absolument isolé.

On y feroit dresser une espèce * de TRIBUNE ou ESTRADE, sur laquelle il y auroit une chaise pour lui, des bancs pour les Officiers supérieurs qui l'accompagneroient, trois petites tables, dont une devant l'Inspecteur, la seconde posée à droite pour le Commissaire des Guerres, la troisième à gauche seroit occupée par les Secrétaires ; aux deux côtés de celle de l'Inspecteur on mettroit deux bancs pour placer quatre ou six des anciens & des

---

* On ne sauroit mettre trop d'appareil & de dignité dans cette opération, & rien n'y est plus propre que l'intervention de la Religion ; ses cérémonies inspirent le respect, & celui-ci l'obéissance.

* * Que ces mots de TRIBUNES, d'ESTRADES & de BARRIERES ne tourmentent point l'imagination du Lecteur, ils ne signifient autre chose qu'une douzaine de planches posées sur de vieilles futailles, ou une élévation de terre gazonnée, telle que le *TRIBUNAL CAS-TRENSE* des Romains.

A l'égard de la BARRIERE, quelques perches mises en travers sur des pieux en feroient l'affaire.

La première a pour objet que l'Inspecteur domine sur la multitude.

La seconde est pour empêcher cette même multitude d'embarrasser, & pour exciter sa confiance en contentant sa curiosité par la vue des opérations d'un tirage fait à découvert.

plus eftimés d'entre les Laboureurs & Artifans des Communautés qui devroient tirer au fort, lefquels feroient deftinés à être témoins du Tirage qui s'exécuteroit fur la table de l'Infpecteur, en leur préfence & en face du Public.

La Compagnie des Grenadiers Royaux ou Provinciaux feroit féparée en trois portions, chacune defquelles couvriroit en bataille un des côtés de l'eftrade.

S a v o i r :

Le droit, le gauche & celui de derriere; quant au-devant, il refteroit abfolument libre, & l'on obferveroit de plus d'y ménager au bas une efpèce de quarré vuide & fermé par une barriere à laquelle il n'y auroit qu'une entrée gardée par deux Sentinelles.

Dans les côtés droit & gauche de ce quarré, il y auroit des bancs fur lefquels les Garçons, devenus Soldats Provinciaux, iroient s'affeoir, & refteroient jufqu'à la fin du Tirage.

On placeroit un marche-pied au-devant de l'eftrade & un fur le derriere, pour fervir à y monter & à en defcendre.

Les chofes ainfi difpofées, & chacun placé, l'Infpecteur feroit battre un Ban par le Tambour de la Compagnie des Grenadiers, & un Major crieroit : DE PAR LE ROI, SILENCE. Alors l'Infpecteur fe leveroit, feroit un court expofé des devoirs d'un Citoyen envers fa Patrie, des fentimens qui doivent animer tous bons François pour le Roi & pour l'honneur de la Nation ; enfuite il détailleroit fuccintement les avantages * que la

---

* Voyez la permiffion à nouvel ordre pour les priviléges, &c. que je propofe au Chapitre des Cartouches, fous le N°. premier.

bonté

Il quitte ses foyers pour deffendre sa Patrie.

bonté de Sa Majeſté attache à la qualité de Soldat Provincial, & termineroit par annoncer, que
l'intention de Sadite Majeſté étant qu'il ſoit
pourvu au remplacement des Soldats Provinciaux,
dont le tems de ſervice eſt rempli, ainſi que de
ceux qui par quelques événemens ſeroient venus
à manquer, il va s'y conformer par la vóie ordinaire d'un Tirage au ſort; mais que préalable-
ment, en conſéquence de ſes ordres, il com-
mencera par remettre les Congés * abſolus à ceux
qui les ont mérités **.

Alors il les feroit appeller l'un après l'autre par
le Commiſſaire des Guerres; chaque Soldat monteroit ſur l'eſtrade par le marche-pied poſé ſur le devant, s'avanceroit à l'Inſpecteur, qui ſe leveroit,
lui remettroit le ſuſdit Congé, & l'embraſſeroit,
après quoi le Congédié deſcendroit de l'eſtrade
par le côté oppoſé à celui par lequel il ſeroit monté.

Leſdits Congés diſtribués, l'Inſpecteur procé-
deroit au Tirage, en annonçant que ce ſeroit aux
Garçons *** d'une telle Election à ſe préſenter;
ils monteroient un à un ſur l'eſtrade de la même
manière que ceux qui auroient reçu leurs Congés,
c'eſt-à-dire, en deſcendant par le côté oppoſé, à
l'exception de ceux auxquels le billet de Soldat

---

* Le nom de Congé ſemble impropre, en ce qu'il ſuppoſe un engagement; il eſt queſtion ici d'un devoir patriotique à remplir par
tous Citoyens (*au moins cela devroit être ainſi*), & la dénomination
de Certificat Militaire pour ſervice Provincial rempli, paroîtroit plus
conſéquente & plus analogue à la choſe. *Voyez* le modèle ci-joint,
N°. 2, au Chapitre 12.

** Par la ſuite des tems ce ſeroit auſſi le moment d'annoncer &
diſtribuer les graces qu'il *pourroit* plaire au Roi d'accorder aux Soldats Provinciaux.

*** Les Garçons ont ſouvent des diſputes très vives pour convenir
entr'eux de celui qui doit tirer le premier, & ils ſont aſſez dans
l'uſage de faire une eſpèce de tirage préliminaire; pour décider cette
difficulté par la voix du ſort, il ſeroit facile de leur éviter ces occaſions de querelles, en établiſſant dans l'Ordonnance, que ce ſeroit
le garçon ou l'homme le plus ou le moins âgé qui tireroit le premier.

B

Provincial feroit échu, qui feroient fignalés fur-
le-champ par le Commiffaire * des Guerres, &
qui redefcendroient par le même paffage où ils feroient entrés, pour aller s'affeoir, & refter dans
l'efpace vuide confervé fur le devant de l'eftrade.

À chaque fois que le fufdit billet fortiroit de
l'urne, le Tambour feroit un roulement, & un
des anciens Affiftans fur l'eftrade s'avanceroit, &
crieroit à haute voix, par trois fois: *Un tel, de
tel endroit, eft Soldat Provincial.*

Le Tirage completté, l'Infpecteur le feroit annoncer par deux roulemens, qui feroient fuivis
d'un BAN, à la fin duquel il fe leveroit, & après un
DE PAR LE ROI, il indiqueroit l'époque de l'Affemblée ** du Régiment, & le lieu où elle fe devroit
faire, exhorteroit avec onction les Garçons à s'y
rendre exactement, & termineroit la féance par
leur faire lire, par le Commiffaire des Guerres,
les ARTICLES des Ordonnances du Roi, concernant cet objet, & autres tendans à maintenir le
bon ordre & la tranquillité; enfuite l'Infpecteur
leur ordonneroit de fe retirer chacun chez eux.

Je finirai ce Chapitre par une obfervation fur
l'âge auquel on devroit fe fixer pour admettre les
Garçons à tirer au fort. Je voudrois qu'il fût re-
culé jufqu'à dix-fept ans. Il feroient plus forts,
& mieux en état de fupporter les fatigues de la
Guerre; & tant que l'efpèce fuffiroit aux befoins,
il feroit convenable d'obferver dans les Tirages
de fe tenir proche de cet âge, c'eft-à-dire, 18,
19 & 20, &c. en formant des claffes par luftre,
jufqu'à trente ans inclufivement.

PAR EXEMPLE.

Si au premier Tirage on trouvoit fuffifamment

---

* Je penfe qu'il pourroit réfulter un bien de leur faire pronon-
cer dans le même inftant le SERMENT militaire.

** *Voyez*, à la fin de ce Chapitre, le modèle d'Avertiffement,
N°. 2, propofé pour être imprimé en placard.

d'hommes depuis 17 ans jufqu'à 20, pour fournir au contingent prefcrit, on annonceroit que l'on ne tireroit que dans cette premiere claffe, ainfi des autres. Il arriveroit de-là que, pendant que ces jeunes gens feroient leur tems, les petits garçons atteindroient l'âge fixé, & que ceux des claffes plus âgées s'établiroient & deviendroient utiles à la population; mais à l'égard de ce dernier & important objet, il feroit effentiel de ne permettre le mariage * aux hommes dans les campagnes qu'à 20 ans accomplis; car il eft dangereux que plus jeunes ils ne s'énervent, ne produifent que des enfans foibles, de petite taille, & quelquefois même contrefaits, les peres n'étant pas fuffifamment formés eux-même lorfqu'ils leur donnent l'être. Le peu d'attention que l'on a prêté jufqu'ici à cet inconvénient eft peut-être la caufe principale de la diminution fenfible que l'on apperçoit dans l'élévation de la Nation.

---

* J'obferve par rapport aux MARIAGES que Mrs. les Intendans font dans l'ufage de faire expédier des PERMISSIONS IMPRIMÉES aux Soldats Provinciaux qui ont deffein de fe marier. C'eft un abus qui a de pernicieufes conféquences, dont la moindre eft d'accroître l'éloignement des peuples pour le fervice provincial, en ce que cette permiffion de faire l'acte le plus précieux à la Société, les portent à croire qu'ils font dans une efpèce d'efclavage ; tandis qu'au contraire un Soldat Provincial eft un homme parfaitement libre, *fauf le fervice qu'il doit en ladite qualité*, mais qui ne l'empêche en aucun tems d'être habile à contracter tout acte de Citoyen. Ce feroit une lourde erreur en politique que de mettre des formalités gênantes aux mariages de ces hommes qui font dans l'âge le plus favorable à la population. Il feroit à defirer que plutôt on les y portât par des encouragemens, comme fait l'Impératrice Reine, qui non-feulement permet mais même ordonne le MARIAGE dans les Troupes, tant réglées que citoyennes (car elle en a), & l'excite même par des faveurs de toutes efpèces, telles que d'affigner le pain & une paye aux femmes pendant que leurs maris font abfens, donner de quoi fubfifter aux veuves, prendre foin des enfans, &c. Les Anglois en ufent à peu près de même, & nous ferions louables fi nous ne cherchions à les imiter que relativement à de pareils ufages. Mais, quoi qu'il en foit, le Roi ne défend point aux Soldats Provinciaux de fe marier, & il ne faut point de *Permiffion* pour faire une action qui n'eft pas défendue.

B ij

Nº. I.

INFANTERIE PROVINCIALE.

COMMANDEMENT aux Garçons sujets
au service des Troupes Provinciales
pour tirer au sort.

DE PAR LE ROI.

Sa majesté ayant ordonné qu'il seroit pourvu
au remplacement des Soldats Provinciaux qui ont
été congédiés au mois d   dernier, comme
ayant rempli le tems de leur service, elle ordonne
que tous les Garçons, depuis l'âge de 17 ans jusqu'à
celui de   se rendront le   du mois d
à   à l'effet d'y tirer au sort en la manière pres-
crite par son Ordonnance du   17 à
peine, aux Contrevenans, de subir les punitions
spécifiées dans les Articles extraits de ladite Ordonnance, rapportés ci-dessous.

Extrait de l'Ordonnance du 27 Novembre 1765.
Articles XIV, XV, XVI, &c.

Nota.

Ce Commandement est fait pour être imprimé en placard, & il faudroit y rapporter tous les Articles qui ont
trait aux Tirages, après les avoir corrigés & rendus
propres à la nouvelle constitution.

Nº. 2.

INFANTERIE PROVINCIALE.

AVERTISSEMENT aux Soldats Provin-
ciaux, pour qu'ils aient à se rendre aux Quartiers
d'Assemblées indiqués pour leurs Régimens.

DE PAR LE ROI.

SA MAJESTÉ ayant résolu de faire assembler
les Troupes Provinciales de la Généralité de
dans le courant du mois d   Elle
ordonne aux Soldats Provinciaux du Régiment
d   d'avoir à se rendre le   dudit mois
d   de très-grand matin, à   lieu
qu'Elle a désigné pour y assembler ledit Régiment,
à peine, contre les Contrevenans, de subir les peines portées par son Ordonnance du 27 Novembre
1765, dont les dispositions sont rapportées ci-
après.

ARTICLE XXV, &c.

Nota.

Cet Avertissement est destiné à être affiché en placard, & il faudroit qu'il rapportât tous les Articles re-
latifs aux Assemblées, & notamment les 25, 26, 37,
39, &c.

B iij

CHAPITRE

4.

Des Substitutions & des Bourses.

IL y a deux manieres d'envisager l'Etablisse-
ment des TROUPES PROVINCIALES, savoir; pure-
ment MILITAIREMENT, ou POLITIQUEMENT.

Si c'est MILITAIREMENT seulement qu'on le
considere, les SUBSTITUTIONS paroîtront une
très-bonne chose ; on dira qu'en rengageant
des bas-Officiers déja instruits, on aura des
têtes de Compagnies qui formeront les nouveaux Soldats, & que par ce moyen ces Troupes prendront en très-peu de tems une con-
sistance qui les assimilira aux Troupes réglées.

Mais si c'est POLITIQUEMENT, la perspective
changera & présentera ce Sergent, ce Caporal,
cet Appointé, ce Tambour qui se rengagera,
comme un homme qui ne reprendra plus ses
premieres occupations, soit champêtres, soit
civiles qu'avec dégoût ; d'ailleurs, comme il y
a apparence que ce ne sera pas un domicilié qui
prendra ce parti-là, mais seulement un journa-
lier, ou compagnon, lorsque l'argent de la
substitution sera mangé, que la misere & la faim
se feront sentir, il désertera, fera un vuide qu'il
faudra boucher en faisant tirer de nouveau un
habitant.

D'un autre côté, si ce même homme, qui
a fini son tems de Service, a pris assez de
goût au métier pour desirer de continuer de le
faire, c'est un tort que l'on fait aux Troupes ré-

glées dans lesquelles il auroit pris parti pour le prix ordinaire, s'il n'eût trouvé à satisfaire sa cupidité, en rançonnant un Laboureur, ou un Artisan; & enfin dans cette seconde acception, on ne verra, dans les Soldats Provinciaux, que des CINCINNATUS qui retournent à leurs charrues lorsque les VOLSQUES sont défaits, & dont les Vertus Guerrieres doivent être suspendues, & s'il est possible oubliées, jusqu'à ce que le besoin force l'administration à les remettre en activité.

Sous ce dernier point de vûe (*qui me semble le seul vrai*), LES SUBSTITUTIONS deviennent aussi pernicieuses qu'elles paroissent raisonnables & utiles dans le précédent; car on sentira qu'un vrai Soldat Provincial ne doit pas être plus maître de continuer son service, quand son tems est fini, qu'il ne l'est de le quitter lorsqu'il dure encore, & que s'il est certain que cet établissement a des inconvéniens qui ne peuvent être légitimés que par la nécessité de son existence, une fois jugé indispensable, le grand objet du Gouvernement est que ce Corps ne soit effectivement & uniquement composé que de Citoyens domiciliés, & que l'homme auquel le sort échet, remplisse *personnellement* le tems du service déterminé; car s'il lui est permis de mettre un homme à sa place, le Roi n'aura plus ce que l'on doit entendre par l'expression des Troupes Provinciales; peu à peu ce sera la même espece d'hommes que ceux qui forment l'Infanterie; mais qui, sans produire les mêmes avantages, aura comme elle l'inconvénient de la désertion, & de plus ceux de ruiner le malheureux pere de famille, de nuire à la perception des Impôts, à la culture des terres, & de rendre plus difficile & plus difpendieux le recrutement des Troupes réglées.

Si ces réflexions frappoient affez pour déterminer à adopter le fecond point de vûe, le moyen de couper la racine aux odieufes manœuvres qu'occafionnent les fubftitutions, ainfi qu'aux maux qu'elles produifent, feroit de prefcrire aux Infpecteurs & Commiffaires des Guerres, non-feulement de ne comprendre aucuns fubftitués dans leurs revues, à l'exception de ceux qui fe trouveroient dans les deux feuls cas * prévus par l'Article 16 de l'Ordonnance du 27 Novembre 1765; mais même de dreffer procès-verbal de ceux qui fe préfenteroient, & d'établir dans chaque Généralité un Confeil de Guerre pour procéder à la recherche des fauteurs defdites fubftitutions, pour enfuite leur faire leur procès fuivant les difpofitions portées dans les Ordonnances du Roi, notamment par le même Article de celle que je viens de citer.

Ces Confeils de Guerre feroient compofés de l'Infpecteur qui y préfideroit, des Colonels, Lieutenans-Colonels, Majors & Capitaines des Régimens Provinciaux de la Généralité, qui à cet effet fe raffembleroient dans un lieu défigné par le Miniftre immédiatement après l'Affemblée. Les Sentences feroient imprimées & affichées avec la plus grande publicité, dans toutes les Paroiffes de la Généralité; il feroit même effentiel d'étendre jufqu'à des peines corporelles & flétriffantes celles que prononcent ladite Ordonnance & toutes celles qui l'ont précé-

---

* C'eft à regret que je les admets tous les deux, car le premier feul eft fans inconvénient, comme je le ferai voir tout-à-l'heure.

dées, contre ceux qui permettent ou tolerent cet abus pernicieux à l'Etat, qui bien que trop douces, & sans avoir été dérogées, n'ont cependant point eu d'exécution relativement à cet objet. Il faudroit être inexorable au point de ne permettre absolument aucune exception que dans le cas unique *où un frere se présenteroit à la place de son frere* * : car cette loi devroit être si rigoureusement restreinte à ce degré de parenté, qu'elle donnât l'exclusion même *au cousin germain*, parce que faisant partie d'une autre famille, s'il se présente pour son cousin, c'est pour de l'argent, tout comme si c'étoit pour un étranger, & qu'il n'y a absolument qu'entre FRERES que cet inconvénient ne peut avoir lieu : on ne sauroit prendre (*je ne me lasserai point de le répéter*) trop de précaution contre cet abus, qui de tout tems a été le fléau des habitans de la campagne, & enfin la vraie cause de cette désertion que l'on s'étonnoit avec raison de voir régner dans les Bataillons qui étoient sur pied la Guerre derniere ** : le véritable MILICIEN n'auroit point déserté, il a des Pénates, comme je l'ai déja dit, qui l'attachent. Au contraire lorsqu'un Laboureur s'est saigné pour obtenir la permission de mettre un homme à la place de son fils, que l'ayant souvent payé fort cher, il achete ensuite au poids de l'or le premier coquin qui se présente : il arrive qu'après avoir employé son argent comptant, obligé d'emprunter, d'engager pour rassembler la somme nécessaire, il se met hors d'état de payer les Impôts, il voit

---

* Jusqu'à l'Ordonnance du 27 Novembre 1765, c'étoit le seul qui eût été admis dans les Ordonnances du Roi, rendues pour le fait de la Milice, & en même-tems l'unique qui fût sans inconvénient.

** Celle qui a fini par la paix de 1762.

vendre son bien, ses meubles, & se trouve réduit à la mendicité, d'aisé qu'il étoit auparavant, tandis que d'un autre côté le pied poudreux qu'il a fourni déserte, emporte au Roi un habit, la subsistance qu'il a reçue, & laisse un vuide au complet qu'il faut que la Communauté remplace, ce qu'elle fait en réitérant la même manœuvre, si elle est en état d'y suffire, sinon le jeune homme qui s'est racheté l'année précédente, se trouve forcé de marcher en personne.

Ce n'est pas encore tout, ce même abus étend ses dangereuses conséquences jusques sur les Troupes réglées; car on a remarqué que dans les tems des tirages de la Milice, la désertion & la difficulté de faire des recrues augmentent, attendu que le Soldat, instruit que l'on peut toucher beaucoup d'argent en se vendant pour un Milicien, * déserte pour aller se présenter dans les Villages; & par une suite du même motif, l'homme qui se propose de s'engager, & qui l'auroit fait au premier Officier qu'il auroit rencontré pour le prix fixé par les Ordonnances, s'y refuse, & court trouver le pere d'un Milicien dont il sait qu'il recevra une somme infiniment plus considérable, & qu'ordinairement il emporte dans les pays étrangers pour se soustraire au châtiment qu'il a encouru par sa désertion, ou parce qu'il ne sait plus que devenir.

Tels ont été & seront éternellement les sinistres effets des Substitutions, & c'est une chose énorme, ** que la quantité d'argent sortie des

---

* Au moment où j'écris ceci (Avril 1773) on n'a point encore fait de tirage sous la dénomination de Troupes Provinciales, & j'emploie le nom de Milicien, parce que je parle du passé.

* En 1759, un Officier chargé de faire l'inspection des Bataillons

Campagnes pendant la Guerre derniere à leur occaſion.

Qu'on ne me diſe point qu'il n'eſt pas perdu pour l'Etat, puiſque celui qui le reçoit, le dépenſe ſur le champ, & qu'il rentre par-là dans la maſſe.

Cette maniere de voir la choſe eſt non-ſeulement dure, mais fauſſe; car, 1°, humainement parlant, il n'eſt point indifférent qu'un bon Payſan, un honnête Artiſan ſe ruine, & que l'argent avec lequel il donnoit des engrais à ſon champ, ou ſoutenoit ſon Commerce, & faiſoit vivre ſa femme & ſes enfans, rentre dans la circulation générale par l'ivrognerie & les excès d'un vil ſubſtitué.

2°. Un arpent de terre bien cultivé, qui procure annuellement des denrées dont la conſommation forme les revenus du Roi, par les Impôts dont elles ſont taxées, & qui en procurant la ſubſiſtance à toute une famille, l'encourage à renouveller ſans ceſſe les mêmes ſoins, eſt aſſurément d'une bien plus grande utilité à l'Etat, que ne ſeroit la ſomme qu'auroit produit une fois la vente du même arpent, répandue en un nombre d'infiniment petites parcelles, par l'a-

de Milice employés aux armées, voulut réformer quelques vilains hommes qu'il trouva dans un de ces Corps. Le Commandant lui repréſenta qu'il alloit faire tort aux Communautés qui les avoient fournis; attendu que c'étoient des VENDUS *qu'elles avoient payé fort cher*, pour diſpenſer leurs propres enfans de marcher, & qu'il faudroit qu'elles remplaçaſſent de nouveau. Cette obſervation excita la curioſité du chargé d'inſpection; il voulut ſavoir quel pouvoit être le nombre des vendus qui étoient dans ce Bataillon, & ce qu'ils avoient coûté; il s'en trouva 104 de la ſeule levée de 1758; & de la déclaration qu'ils firent de l'argent qu'ils avoient reçu chacun, il réſulta une ſomme de 59456 livres. Il faut faire attention qu'il n'étoit queſtion que d'une ſeule levée, qui avoit été précédée de nombre d'autres, & d'un ſeul Bataillon d'une Province qui en fournit pluſieurs; il eſt aiſé d'apprécier l'épuiſement & l'état miſérable dans lequel elle devoit ſe trouver réduite après de pareils efforts, & la difficulté que ſes habitans devoient trouver à ſatisfaire aux impôts, &c.

chat de comeſtibles néceſſaires à la dépravation d'un ſeul homme.

Mais je m'attends à une objection plus apparemment fondée, ſavoir, que ſi l'on empêche ſans reſtriction les ſubſtitutions, le fils unique d'un Laboureur, d'une veuve, qui tombe au ſort, marchera donc?

J'y réponds que ſelon l'idée que je me fais du devoir d'un Citoyen, je n'admets point de conſidération qui puiſſe légitimement l'en exempter; il doit remplir ſa tâche, parce qu'il appartient de préférence à l'Etat qui veille à la conſervation de ſon exiſtence & à celles de ſes Auteurs.

Mais ſi ce Laboureur ou cette veuve n'avoient que les ſeuls bras de ce fils pour la culture de leurs biens, il faudroit que l'adminiſtration y ſuppléât, en réglant qu'en pareil cas, la Communauté en général * l'aideroit dans les travaux où il leur auroit été néceſſaire. Cette attention eſt digne d'elle, les habitans s'arrangeroient entr'eux pour remplir cette corvée patriotique & reſpectable, elle ne leur ſeroit certainement pas ſi à charge que s'ils étoient obligés de bourſiller pour acheter un homme, & d'ailleurs elle ſeroit reſpective entre tous ceux qui ſeroient dans le cas de reclamer ce ſecours.

Les Bourses ſont un autre abus, à la vérité moins criminel, mais dont la conſéquence eſt tout auſſi funeſte pour la claſſe des Citoyens ſujets aux tirages pour les Troupes Provinciales, auſſi dangereux à l'Agriculture, & par une ſuite néceſſaire, également préjudiciable aux revenus du Roi.

---

* C'étoit la loi chez les Péruviens, avant la conquête de cet Empire par *Piſarre*.

Cette cotifation fe montre d'abord fous l'afpect féducteur d'un fentiment naturel, compatiffant & refpectif entre les peres de famille qui y contribuent. Le fort peut tomber fur mon fils, comme fur celui de mon voifin, fe dit l'un deux, coopérons pour former à celui à qui il écherra, une fomme d'argent qui lui en adouciffe l'événement.

Il s'exécute en conféquence, & même avec émulation, attendu que par les conventions, celui qui devient Milicien ne touche qu'à raifon proportionnelle des mifes, & chacun des peres defire que fon fils retire la plus forte fomme, il vend pour cet effet le cheval avec lequel il labouroit fon coin de patrimoine en comptant fur fes bras (*qui ne fuffifent pas*) pour y fuppléer, la terre refte en friche, le Collecteur vient, il n'eft pas en état de payer l'Impôt, le Receveur des Tailles fait exécuter ce qui lui refte, & fouvent le fait mettre en Prifon, où il finit par périr de mifere, tandis que de leur côté fa femme & fes enfans mandient, & l'Impôt perd d'autant par la diminution de la quantité des individus fur lefquels il étoit affis.

Qu'on n'aille pas penfer que ce que je dis-là, foit une déclamation emphatique, c'eft le fait dans la plus exacte vérité, & il n'y a point de Seigneur de Paroiffe qui ne puiffe le certifier; cependant tout pernicieux, tout profcrit qu'il eft par les Ordonnances du Roi, il exifte publiquement, & même il trouve des apologiftes; il eft volontaire, difent-ils : d'ailleurs comment s'y oppofer !

Par la premiere de ces raifons, on légitimeroit le Suicide même.

Quant à la feconde elle eft pitoyable ; car fans parler des moyens qui fe préfentent pour l'empêcher, il en eft un bien fimple ; c'eft de rendre une Ordonnance qui adjuge la Bourse à celui qui en dénoncera & prouvera l'exiftence, & de condamner les habitans de Village folidairement à un doublement de *Taille* pour un an, la faire placarder aux endroits les plus apparens, & publier en chaire ; * alors on peut être certain que les tirages s'exécuteront tant que l'on voudra, fans qu'il fe faffe d'affociations pour former les bourfes.

CHAPITRE

5.

Du tems du Service des Soldats Provinciaux, & de la Marque honorifique qui pourroit en être la récompenfe.

DE quelques raifonnemens fpécieux dont on fe foit fervi pour déterminer le Miniftere à fixer à *huit ans* les engagemens des Troupes réglées, je crois qué cela eft contraire à l'efprit des hommes en général, & fur-tout à celui du François : prolonger le nombre d'années auxquelles ils étoient déterminés ci-devant, ne fert qu'à révolter l'amour de la liberté dans le Soldat, par l'éloignement dans lequel il envifage l'inftant où il doit la recouvrer.

---

* On y lit tous les ans une Ordonnance d'Henri II, concernant les filles enceintes ; l'une ne paroîtroit pas plus difficile que l'autre.

Cette perspective affligeante, est encore plus sensible pour un Soldat Provincial, & à son égard je réduirois le tems qu'il doit servir à CINQ ANS. * Je n'ignore pas les propos que l'on tient pour autoriser la résolution de maintenir les engagemens à huit ans; mais je soutiens qu'un homme qui est six semaines entre les mains d'un Officier capable, est Soldat, ou ne le sera jamais.

Je voudrois donc que le Soldat Provincial ne fût obligé qu'à CINQ ANS de Service, *que l'on fît les Tirages par cinquieme*, & qu'à l'expiration de la cinquieme année, ils fussent remerciés & renvoyés chez eux avec un certificat de Service rempli; ** & comme suivant le système que j'établis, *** il ne seroit point susceptible des hautes payes attribuées aux Soldats des Troupes réglées, non plus qu'à la marque de Vétérance, il faudroit en créer un exprès pour lui, qui lui méritât les honneurs du pas dans sa Paroisse, &c. Elle pourroit être assimilée à la premiere, comme par exemple, *un Ecusson de drap gris brun , orlé d'un Cordonnet bleu , & dans le milieu une épée posée horizontalement sur une Couronne d'épis de bled & de pampres de vigne,* ****

---

* C'est ce que propose M. le Maréchal de Saxe. *Voyez* les Rêveries, Tome premier , Chapitre & Art. premiers, page 9 , & c'étoit ce qui avoit été prescrit par l'Ordonnance du 12 Novembre 1733 , Art. V.

** J'en donne le modele, Chapitre 12. *n°*. 2.

*** *Voyez* le Chapitre ci-devant.

**** Les Romains décernoient la Couronne CIVIQUE , qui étoit composée de feuilles de chênes à celui qui avoit sauvé la vie à un Citoyen; celui qui a donné plusieurs années de la sienne , à la défense de sa Patrie , n'en mériteroit-il pas du moins un diminutif ?

Cette Couronne étoit si honorable à Rome que lorsque le Citoyen qui l'avoit reçue alloit aux jeux publics, le Sénat & le peuple Romain devoient se lever à son arrivée, & on lui donnoit place aux Spectacles parmi les Sénateurs.

Si pour se rapprocher d'un usage aussi sage, on établissoit en France, que lorsqu'un Chevalier de Saint-Louis marche à pied

pour exprimer que c'eſt un Citoyen qui a rendu
à ſa patrie le ſervice qu'il lui devoit. Cette diſtinction qui ne ſeroit accompagnée que *des fa-*
veurs Rurales prononcées dès à préſent par les Or-
donnances du Roi, & dont elle leur aſſureroit la
jouiſſance contre les tracaſſeries multipliées dont
elle eſt ſans ceſſe troublée , ne ſeroit point à
charge à l'extraordinaire des Guerres, & feroit
un merveilleux effet ſur l'eſprit des hommes aſ-
ſujettis au Service des Troupes Provinciales.

CHAPITRE
6.

De la finance propre & particuliere aux Troupes Provinciales , & de ſon admi-niſtration.

JE n'ai parlé juſqu'à préſent que de la compoſition & du gouvernement dont la Milice (*au-*
jourd'hui Troupes Provinciales) me paroît ſuſceptible ; je vais préſentement la conſidérer en Finance, jetter un coup d'œil ſur l'objet de dépenſe
qu'elle peut occaſionner , ſoit au Roi , ſoit aux
Peuples , & chercher s'il n'exiſteroit pas un

dans la rue, l'orgueilleux publicain , &c. &c. &c. au lieu de l'é-
clabouſſer , & ſouvent de l'obliger de ſe ſauver en courant , pour
éviter d'être écraſé , ſeroit obligé d'arrêter ſon carroſſe , d'en deſ-
cendre , de le ſaluer, & de ne remonter dans ſa voiture que lorſqu'il ſeroit paſſé, LE ROI pourroit épargner bien des penſions.
Les récompenſes de la valeur doivent être les honneurs , & non
les richeſſes ; mais lorſque dans un Etat celles-ci décident ſeules
de la conſidération, on en devient inſatiable , & l'on ne fait cas
des honneurs, qu'autant qu'ils en ſont accompagnés.

moyen

Marque de Service Provincial Remply.

moyen de la diminuer à l'avenir, en examinant ce qu'on auroit pu faire par le paſſé.

Depuis le rétabliſſement de la Milice en 1726, il exiſte une impoſition ſur les Peuples de la Campagne, uniquement deſtinée au maintien de l'exiſtance de ce Corps. J'ai fait mes efforts pour découvrir comment elle a été établie & à combien elle fut fixée dans le principe, mes recherches ne m'ont rien produit de clair; les Ordonnances du 29 Novembre 1688, & 28 Mars 1690, laiſſent ſeulement appercevoir qu'il en a été rendu d'antérieures pour régler cet objet. L'Impoſition devoit même être très-conſidérable, puiſqu'il paroît que c'étoit ſur ſon produit que ſe payoient les appointemens des Officiers réformés, qui ſervoient à la tête des Milices, la ſolde des Sergens & Soldats, & ſuivant ce que l'on voit * par celle du 30 Mai 1726, le Roi ſe charge de pourvoir ſur les fonds de l'Extraordinaire des Guerres au premier objet, & réduit à la moitié le ſecond, ** mais en le laiſſant toujours à la charge des Provinces.

Il paroît encore par l'Ordonnance du 30 Avril 1727, que les Généralités étoient également obligées, autrefois, de pourvoir à l'équippement & armement, ainſi qu'au paiement des appointemens des Officiers de l'Etat major, car le Roi les en diſpenſe par l'Article 23 de ladite Ordonnance, & fixe l'Impoſition totale *à quarante-cinq*

---

* *Voyez* l'Article XXIII.
** Cette ſolde ainſi réduite étoit de *deux ſols par Sergent & un ſol par Soldat par jour* toute l'année, & cela formoit une ſomme conſidérable, d'autant qu'elle étoit augmentée de ſix deniers pour livres, dont deux pour les taxations du Tréſorier-général de l'Extraordinaire des Guerres & les quatre deniers deſtinés aux Invalides.

C

livres pour raison de chacun des hommes qui y feront levés *.

L'Ordonnance du 12 Novembre 1733, ne fixe point la somme de l'Imposition, l'Article 12 indique seulement les espèces d'effets à la charge des Paroisses, qu'elles doivent fournir en nature & ce qu'il faut qu'elles payent en argent; mais d'après les renseignemens que je me suis procurés de gens qui paroissent devoir être instruits, elle est réduite par évaluation à 22 liv. *pour une veste, une paire de souliers, une paire de guêtres, deux chemises, un havresac & huit liv. en argent;* or le pied de la Milice (*aujourd'hui Troupes Provincales*) étant de 74-550 hommes, cette Imposition produit annuellement une somme de 2-236-500 liv.

Si ces fonds (*qui n'ont point eu d'objet de dépense directe à la chose pendant les années de tranquillité dont nous avons joui depuis 1736*) avoient été placés à cinq pour cent, il en résulteroit aujourd'hui de quoi alléger considérablement la somme actuelle dont les Habitans de la campagne supportent l'Imposition; ou si en portant les vues plus loin, on avoit préféré de la laisser subsister encore quelques années, elle produiroit un jour un revenu qui suffiroit entierement à l'objet.

Voici comme je raisonne: Depuis la paix de 1736 jusqu'au premier Janvier 1771, où je m'ar-

---

* Il ne paroît pas que cette Ordonnance du 30 Avril 1727, ait rien changé au nombre de 60000 hommes auquel celle du 25 Février 1726, avoit fixé la totalité de la Milice, ainsi en calculant sur ce pied l'Imposition annuelle à la charge des Paroisses étant de 45 liv. par tête de Milicien elle formoit une somme de 2-700-000 liv.

J'observe au surplus, une contradiction entre l'Article premier de l'Ordonnance du 25 Février 1726, & le préambule de celle du 12 Novembre 1733; car la premiere fixoit à 100 le nombre de Bataillons; on ne voit point qu'il ait été réduit depuis, cependant par la derniere il semble qu'il n'est que de 93 Bataillons, mais cette différence ne fait rien à mon objet.

rête pour ne point anticiper fur les événemens, je trouve dix-neuf années de paix, pendant lefquelles ma premiere fomme * placée & augmentée non-feulement de l'Impofition annuelle, mais encore du produit des intérêts qui auroient dû être conftamment réunis au capital, formeroit au fufdit jour premier Janvier 1771, un capital de foixante-onze millions fept cens & tant de mille livres, qui produiroient un revenu actuel de trois millions cinq cens, &c.

Je fais que tout ce calcul ne porte malheureufement fur rien jufqu'à ce jour; mais, fans rechercher ce que font devenus ces tréfors, je dis que ce qui n'a pas été peut être, & il me fuffit d'en démontrer la poffibilité, le bien qui en réfulteroit, & de faire voir qu'avec cette économie les Troupes Provinciales peuvent non-feulement ceffer un jour d'être pécuniairement à charge aux Peuples ainfi qu'au Prince, & exifter aux dépens de fes propres revenus; mais que de plus, par fucceffion des tems, ils fourniroient au Roi de quoi récompenfer les Officiers qui auroient été attachés à ce Corps, par des gratifications, des retraites, &c. ** fans avoir recours à fon Tréfor Royal, non plus qu'à l'Extraordinaire des Guerres.

Ce n'eft point affez d'avoir fait connoître les avantages dont on fe prive en négligeant de ramener ces fonds à leur unique deftination, il faut de plus indiquer les abus de l'application de la partie de cette Impofition, que les Paroiffes payent en argent comptant, & qui confiftent,

---

* Toujours en comptant fur le pied actuel de 74-550 hommes, fixée par l'Ordonnance du 27 Novembre 1765.

** Et même pour aider à faire un traitement aux Officiers, chofe indifpenfable, fi l'on veut en avoir de l'efpece convenable.

comme je viens de le dire, en 8 livres deſtinées ;

S a v o i r :

1°. Trois livres à délivrer à chaque Milicien le premier jour qu'il paroît à l'aſſemblée depuis qu'il étoit tombé au ſort.

2°. Cinq livres appliquées aux frais des Commiſſaires (*c'eſt-à-dire les Subdélégués des Intendans*) employés aux levées.

J'obſerve, à l'égard du premier article, que ces trois livres données au Milicien ſont une inutilité ; la ſomme eſt trop modique pour lui procurer un bien-être ſenſible ; cet argent ne lui ſert qu'à s'enivrer, à occaſionner des querelles, & à troubler la tranquillité des opérations d'une Aſſemblée, à laquelle il eſt de notoriété que la plupart des Garçons arrivent preſque toujours pris de vin.

Quant aux Commiſſaires employés aux levées, il ſemble que *cinq livres par tête de Soldat de nouvelle levée* forment une ſomme beaucoup trop forte pour une beſogne auſſi ſimple. En retranchant la premiere de ces deux ſommes en entier, & en économiſant ſur la ſeconde, on trouveroit dans ces huit livres, non-ſeulement de quoi pourvoir aux appointemens qu'il ſeroit indiſpenſable de régler aux Directeurs, Inſpecteurs généraux & particuliers des Troupes Provinciales, mais il reſteroit encore de quoi mettre le Miniſtre en état de pourvoir aux dépenſes d'utilité ou d'agrémens dont il jugeroit à propos de favoriſer ce Corps ; car en ſuppoſant le total deſdites Troupes à 76-800 hommes (*comme je le propoſe*) le produit de l'*écu* du nouveau Soldat monteroit à 230-400 liv. & celui des *cinq livres* attribuées aux ſuſdits

Commiſſaires, donneroit une autre ſomme de 384.000 liv. leſquelles jointes enſemble formeroient celle de 614-490 liv. ſur laquelle, lorſqu'il en ſeroit prélevé une de 153-600 liv. pour les honoraires deſdits Commiſſaires, à raiſon de deux liv. par tête de Provincial, pour les dédommager de leurs déplacemens, frais de voyage, & parce qu'enfin toutes peines méritent ſalaire, il reſteroit une ſomme de 460.800 liv. & en prenant deſſus 102-000 liv. pour former les appointemens des Directeurs, &c. que je propoſe, ſur le pied 16000 liv. au Directeur, 8000 liv. à chacun des quatre Inſpecteurs généraux, 4000 liv. à chacun des douze Sous-Inſpecteurs, & 6000 liv. à un Tréſorier, créé exprès pour cet objet, il demeureroit annuellement en caiſſe un bon de 358-800 liv. qui, comme je l'ai dit ci-deſſus, ſeroit à la diſpoſition du Miniſtre de la Guerre.

La création d'un Tréſorier général, uniquement affecté aux Corps des Troupes Provinciales, me ſemble une choſe eſſentielle ; mais au moyen des appointemens qui lui ſeroient réglés, il faudroit qu'il fût chargé de tous les frais quelconques, & qu'il ne lui fût rien paſſé à titre de deux ſols pour livre, Rôles, &c. Je voudrois, de plus, que le Sujet qui ſeroit chargé de cet emploi (*car il ne conviendroit pas que ce ſoit une charge*) fût obligé de donner un cautionnement.

A l'égard de la maniere de lui faire parvenir les fonds, l'Impoſition & la perception continueroient à ſe faire comme à préſent, au ſol la livre de la Taille ou des autres levées dans les Pays d'Etats*, par les Collecteurs, qui remet-

* Ce que je dis ci-deſſus eſt d'après l'Article 23 de l'Ordonnance du 30 Mai 1726, car bien que j'en change quelques diſpoſitions,

troient directement les déniers aux *Receveurs des Fermes générales* de leurs Généralités refpectives, & ceux-ci les verferoient nuement, directement & *fans frais* entre les mains du fufdit Tréforier général des Troupes Provinciales, qui réfideroit à Paris , & qui leur en donneroit décharge déclarée fur ce fuffifante.

CHAPITRE
7.

De l'habillement , du petit équipement & de la tenue.

Si les Finances des Troupes Provinciales étoient une fois régies, comme je le propofe dans le Chapitre précédent , on ne feroit plus embarraffé de favoir où prendre l'argent néceffaire pour la fourniture actuelle du petit équipement, & l'on ne fe croiroit plus forcé de retirer, aux dépens de l'humanité & de la décence, les chemifes & fou-

---

je ne l'en trouve pas moins parfaitement bien fait , & fi bon même, que je juge convenable d'en rapporter ici la plus grande partie; on verra que j'en ai pris l'effentiel, & l'on reconnoîtra d'ailleurs que fi j'ai fubftitué *les Receveurs des Fermes générales aux Receveurs des Tailles*, c'eft pour éviter les taxations, &c. des Tréforiers Généraux de l'Extraordinaire des Guerres , filiéres qui diminuent d'autant & très-abufivement le produit de l'Impofition.

Extrait de l'Article en queftion.

.... Voulant Sa Majefté que la fomme à laquelle fe trouvera monter ladite Impofition dans chacune des Généralités taillables & Pays d'Etats, enfemble....... & des autres levées dans les Pays d'Etats, pour être le fond de ladite Impofition remis de mois en mois, *par préférence à toutes autres Impofitions & fans aucuns frais*, par le Receveur des Tailles en chaque Election , & dans les autres Provinces, par celui qui fera chargé du recouvrement des Impofitions........ &c.

liers à d'honnêtes Citoyens, que l'on renvoie nuds pieds & en veste à crud, après les Assemblées, sans faire attention que cette parcimonieuse opération leur met le désespoir dans le cœur, & que la douleur qu'ils en montrent à leurs compatriotes, à leur retour chez eux, n'est rien moins que propre à les préparer à y servir volontiers; ces fonds formeroient différentes masses particulieres, qui seroient remises aux Officiers supérieurs des Corps sur la main-levée de l'Inspecteur, les marchés seroient passés par eux, les marchandises qu'ils choisiroient ne seroient point renchéries par le monopole usité *du Pot de vin*, & dans la suppression de son usage on trouveroit encore de quoi fournir les cols noirs, rubans de queue *, jarretieres, &c. Je ne conçois pas pour-

---

* Depuis 1733 que je suis au Service, jusqu'à l'Ordonnance du Roi, du 25 Avril 1767, j'ai vu généralement les Troupes porter leurs cheveux en queue. L'Article II de ladite Ordonnance prescrit de les retrousser en cadenettes sous le chapeau; enfin, il est ordonné actuellement de les porter d'une manière désignée par le mot Anglois CATOGAN. (*Ce mot signifie une espèce de chevaux à courte queue. Je ne sais s'il devroit être employé dans des objets de Législation Militaire.*) Il me semble que les inconvéniens de malpropreté que la paresse du Soldat peut occasionner, & qui ont engagé à proscrire les deux premieres façons expliquées ci-dessus, existent également dans la nouvelle; car c'étoit la difficulté que l'on envisage à faire une queue ou une tresse qui en a fait rejetter l'usage; or, celui du *Catogan* en présente encore davantage; il faut beaucoup d'adresse pour le faire, & sur-tout comme il est prescrit, c'est-à-dire, de manière à ce *qu'il ne touche pas le collet de l'habit*, ce qui est très-difficile, s'il n'est pas impossible; d'ailleurs, il y a de tels hommes qui ont une si grande quantité de cheveux, que cela forme un paquet ridicule, & en général cette coëffure est la moins militaire de toutes celles que l'on a vu jusqu'à présent; mais d'ailleurs, si dans les Troupes réglées on a pu s'en accommoder, elle a trop de difficultés pour les Soldats Provinciaux, qui n'ont point assez d'habitude ni d'art pour arranger proprement le *Catogan*, & qui au contraire sont pour la plupart familiarisés avec la manière de faire une queue, comme l'on peut le voir les Fêtes & Dimanches dans les Villages; s'il y en a qui l'ignore, le camarade la lui fait, & lui montre à la faire en un moment; au lieu que ployer & reployer très-court des cheveux n'est point du tout aisé. Au reste, la tenue du Régiment des Gardes-

quoi depuis la création de la Milice il y a des Ordonnances du Roi qui n'ont jamais été dérogées , & qui cependant restent sans exécution ? Pourquoi ce qu'elles prescrivent avoit lieu autrefois, & même jusqu'à ces derniers tems, sans y trouver de difficulté, & semble aujourd'hui impossible ?

Par Exemple.

L'Article 12 de l'Ordonnance * du 12 Novembre 1733, dit que toutes les fois que les Bataillons seront assemblés, il sera fourni *un bon chapeau*, &c. *une paire de souliers , une paire de guêtres , deux chemises de toile* , &c. lesquelles fournitures *seront renouvellées* , en cas de besoin, *d'année en année.*

Cet article présente plusieurs réflexions, qui toutes prouvent que l'intention de l'administration étoit que ceux de ces effets, qui sont susceptibles d'un dépérissement plus prompt, soient renouvellés à chaque assemblée; car la phrase *pour marcher sur les frontieres* , qui se trouve dans le susdit Article, n'est pas une clause mise à dessein, mais seulement parce qu'alors on n'imaginoit point que les Bataillons de Milice

---

Françoises, qui certainement ne laisse rien à desirer , & qui peut servir de modèle à celle de toutes les Troupes de France, conserve les queues ; c'est une forte présomption en faveur de mon sentiment sur cet objet.

* L'Ordonnance du 30 Avril 1727, étoit encore plus honnête pour les Sergents, & par l'Article 27, elle prescrit un *bord d'argent fin* & une paire de bas bleu ; mais comme elle a été dérogée, je n'en parle ici que pour faire voir la différence des temps ; aujourd'hui on donne aux Sergents des bords de fil, économie qui les expose à des railleries de la part des Troupes réglées, & qui les humilie aux yeux de leurs Soldats ; je ne crois pas que l'avantage qu'elle produit au Roi équivale l'inconvénient.

dûſſent s'aſſembler en régle & en général * autrement que pour marcher ſur les frontieres, &
l'on ſentoit la néceſſité de remplacer les chemi-
ſes & les ſouliers chaque fois que cela arriveroit,
ce qui devoit avoir lieu tous les ans, attendu
que le projet étoit qu'à la fin de chaque Campagne, les Bataillons rentreroient dans leurs
Provinces, y déſarmeroient, & ſeroient renvoyés à leurs occupations ordinaires juſqu'au
printems ſuivant.

Cette ſuppoſition eſt ſi bien fondée, qu'en ne
l'admettant pas, l'Article en queſtion ne ſeroit
plus qu'une erreur, & porteroit à faux à l'égard
de ces effets, qu'il enjoint aux Paroiſſes de renouveller d'année en année, en cas de beſoin;
car chacun ſait que les Bataillons de Milice ſur
pied, & hivernant dans les Provinces, *s'entre-
tiennent de linge & de chauſſure au moyen des huit
deniers que le Roi joint à la ſolde de ces Corps*,
ainſi qu'à celle de toutes ſes autres troupes pour
cet objet, & dont le décompte ſe fait tous les
trois ou quatre mois.

** Il avoit été réglé par l'Article 2 de l'Ordonnance du 25 Février 1726, qu'en temps de paix la Milice ne ſeroit aſſemblée que
par Compagnie ſéparément, chacune dans le canton particulier de
ſon arrondiſſement. Celle du 16 Décembre de la même année dé-
roge à cette diſpoſition par ſon Article premier, & réduit ces
aſſemblées particulieres, à une ſeule par an du Bataillon en général,
par un motif très-ſage, mais qui n'auroit pas eu lieu pour des aſſemblées de quelques heures les Dimanches & Fêtes après le Service
Divin, & qui auroient produit un excellent effet pour préparer
ces hommes à profiter plus aiſément des inſtructions qu'ils doivent
recevoir aux aſſemblées générales; elles avoient été projettées alors,
je les crois fort eſſentielles & point à charge aux Soldats Provinciaux, lorſqu'on aura attention de ne les indiquer que de proche
en proche; elles ſeroient SUBSTITUÉES aux jeux de Balles, ſuivis
d'ivrogneries, pour leſquelles les Payſans ſe raſſemblent ces jours-
là; & d'ailleurs on pourroit leur en faire un amuſement intéreſſant,
en établiſſant des prix poux ceux qui ſe diſtingueroient par la propreté, l'application &c.

De ce que je viens de dire il réfulte ,

1°. Que depuis qu'il y a eu des Milices, & qu'on les a affemblées en Corps, on leur a donné (*ou que du moins l'intention du Roi étoit qu'on leur donnât*) des chemifes & des fouliers.

2°. Que cela s'eft toujours fait jufqu'à l'affemblée de 1771.

3°. Que l'impofition n'a jamais ceffé d'être prefcrite par les Ordonnances du Roi, & qu'il y a lieu de préfumer que l'exécution de cet Article n'aura pas été négligée, non plus que la perception des fommes qu'elle doit produire.

4°. Que fi l'on veut établir la confiance dans les Peuples, & les mettre dans le cas de ne point craindre de tirer au fort pour les Troupes Provinciales, on ne doit pas fouffrir que les Citoyens qui les compofent, foient privés des chofes que la bonté du Roi leur accorde.

5°. Que les fonds en font faits annuellement, & qu'il n'eft queftion que de tenir la main à ce qu'ils ne foient pas employés à des ufages qui feroient étrangers à l'objet.

Enfin dans la fuppofition par laquelle commence ce Chapitre, il feroit tout fimple d'employer pour l'habillement, l'équipement général, les groffes & menues réparations des Troupes Provinciales, les mêmes & fages difpofitions de l'Ordonnance du Roi du 17 Avril 1772, pour les Troupes réglées. Indépendamment de l'économie que l'on y trouveroit, il en réfulteroit un grand bien, en ce que rien n'engageroit plus à maintenir l'uniformité générale de l'habillement de tous les Régimens Provinciaux, ufage vicieux qui ne dure que depuis trop longtems, & dont j'ai vu la Guerre derniere plufieurs Officiers Généraux, d'un mérite avoué, fe plaindre, & ordonner au Commandant des Bataillons qui fervoient fous leurs ordres, foit dans les Places, foit dans les Armées, de leur faire prendre quelques marques diftinctives auxquelles on pût les reconnoître entre eux. Les mauvais Officiers étoient ordinairement les plus zélés obfervateurs de la loi, qui prefcrit cette uniformité, parce qu'à fon abri, la malpropreté, l'indifcipline & l'ignorance dans lefquelles ils laiffoient croupir leurs foldats, fe confondoient fous le nom général, & que fi l'on en rencontroit de déguenillés, &c. on difoit, c'eft un MILICIEN, fans pouvoir difcerner le Bataillon. Au contraire le Commandant qui avoit du zèle, & qui aimoit fon métier, déteftoit une reffemblance qui s'oppofoit à l'envie qu'il avoit d'élever l'ame des fiens. Il étoit enchanté de s'y trouver autorifé, & s'empreffoit de fe foumettre à un ordre auffi conforme au defir quil avoit de faire diftinguer fon Corps.

On fent bien que le principe d'une idée auffi peu militaire, que cette uniformité abfolue, prend naiffance dans la commodité des Entrepreneurs; mais la complaifance que l'on a eue pour eux jufqu'ici, a de fi grands vices, que l'on ne fauroit trop tôt y remédier. *LE MINISTRE ACTUEL a deja reconnu & fupprimé l'abus ruineux de la RÉGIE pour les Troupes réglées, il ne lui refte qu'à en faire autant pour les Provinciales.*

Il eft au furplus un million de moyens, d'en varier la compofition, fans tomber dans l'inconvénient de fe doubler avec les Troupes réglées, *

---

* Je n'ai jamais conçu les motif qui ont engagé à habiller les Troupes de blanc, fi ce n'eft que comme il fe falit promptement,

tels par exemple qu'une manche, un parement, une patte de poche, de couleur opposée à l'autre, &c. Les choses qui paroissent extraordinaires au premier coup d'œil, deviennent simples par l'habitude, & la singularité cesse, lorsque l'uniformité * est établie.

CHAPITRE
8.

Des Magasins.

LA conservation des effets d'habillement, d'équippement & d'armement, est d'une assez grande importance, pour que l'on s'en occupe avec plus de soin que l'on n'a fait jusqu'à présent pendant les tems de licenciement : l'abandon dans lequel cette partie est restée depuis la paix de 1762, & où elle est à-peu-près encore, mérite l'attention du Ministere.

Peut-on penser qu'un misérable Garde-Maga-

---

il prend alors une espece de couleur gris-sale qui se soutient ; mais si c'est-là la raison, il eût été plus simple de leur donner tout de suite du drap gris de poussiere qui remplit l'objet ; ce seroit au moins la couleur que j'adopterois pour les Troupes Provinciales, d'autant qu'il y auroit moins de soins à prendre pour maintenir l'habillement sans tache, & qu'on l'useroit moins à le frotter pour lui conserver un certain air de propreté.

* Combien d'exemples n'en avons-nous pas ? Les Régimens de Flandres & de Mortemar, portoient autrefois des bords de chapeaux & boutons mi-partis d'Or & d'Argent ; l'on a vu Bigorre avec des paremens bleus & des collets rouges, & quantité d'autres distinctions sur lesquelles certainement les faiseurs d'Epigrammes ne manquerent pas de s'exercer lorsqu'elles parurent ; mais sur lesquelles depuis que je sers, je n'ai jamais entendu plaisanter ; cela paroissoit tout naturel, le temps met la sanction aux usages les plus bizarres.

fin, à 120 liv. de gages par an, mourant de faim, ou obligé de travailler à quelque métier toute la journée pour vivre, s'occupera beaucoup de son emploi? Il reçoit le jour du licenciement les effets en compte, il les sépare par espece; ensuite il empile les habits, vestes, culottes les uns sur les autres, les chapeaux l'un dans l'autre, &c. C'est à cela que se borne tous les soins qu'il y donne; il les laisse ensuite dans cet état jusqu'à l'Assemblée suivante, sans s'embarrasser si la graisse & la vermine dans lesquelles ils croupissent, les fera dépérir, non plus que des réparations qu'il y auroit à y faire pour les entretenir en bon état; l'année d'ensuite il les rend & les reprend de même.

L'inaction, ou pour mieux dire l'anéantissement auquel la Milice étoit destinée depuis la paix de 1762, a pu laisser fermer les yeux sur cet abandon, mais on auroit dû les ouvrir lorsqu'il a été question de former les Régimens Provinciaux, & de les habiller de neuf; cependant les choses sont restées à-peu-près dans le même état pendant l'intervalle de l'Assemblée de 1771, à celle de 1772, & il en est résulté des dégradations considérables *.

Le remede à ce désordre est facile; c'est d'établir dans les Chefs-lieux destinés aux Assemblées, des Magasins bien disposés, dans des endroits propres & sur-tout secs; ** d'y faire une pre-

---

* Pendant le licenciement de 1771 à 1772, les Vestes & Culottes d'un Régiment que j'ai vu, furent rongées par les rats, & beaucoup de chapeaux piqués de vers; il en a coûté 600 liv. environ en réparation, si cette somme avoit d'abord été employée à prendre les précautions nécessaires pour que cela n'arrivât pas, le dégât n'auroit pas eu lieu.

** Ceux que j'ai vus sont au contraire dans des Galetas ou dans des souterreins exposés aux rats, aux vers, à l'humidité, &c, & l'on m'a assuré que c'est à peu près la même chose par-tout.

miere & légere dépenſe pour les mettre en état,
& donner des honoraires ſuffiſans, afin qu'un
homme intelligent & bien intentionné, s'en occupe comme il convient, & qu'il ſoit aſſez aiſé
pour répondre des avaries qui arriveroient par
ſa faute aux effets à lui confiés.

Quant au premier Article, les maiſons Reli-
gieuſes offrent preſque par-tout des emplace-
mens convenables pour l'établiſſement de ces
Magaſins *.

A l'égard du ſecond, les uſtenſiles dont il
conviendroit les garnir, ſont des chevalets, des
portemanteaux à chevilles, des mannes d'oſier,
des faiſceaux d'armes; des marques en fer & en
bois, des broſſes à habits, des outils à nétoyer
les fuſils, des baguettes de fer à tirrebourre & à
chiffon.

Pour le troiſieme objet, il faudroit choiſir un
honnête Artiſan domicilié, & indépendamment
des priviléges que le Roi lui accorde par ſes
Ordonnances **, on lui fixeroit ſix cens livres de
gages par an, & de plus on lui paſſeroit une
ſomme pour l'entretien de l'habillement, équippement & armement, du bon état deſquels il
reſteroit reſponſable, ſauf le cas de vétuſté.

Les chevalets ſeroient compoſés d'une tra-
verſe garnie de chevilles de ſix pouces, poſées à
pareille diſtance les unes des autres des deux

---

* Il n'en faudroit qu'un par Généralité, ſi la propoſition que
je fais dans le Chapitre 10 de cet eſſai, étoit adoptée, *par exemple*,
celui de la Généralité de Paris, ſeroit très-bien établi dans quelqu'un des Bâtimens extérieurs à la clôture de l'Abaye de
Royale-lieu, auprès de laquelle je propoſe de faire camper
les Régimens de cette Généralité & celui de la Ville de Paris.

** Il n'y en a point d'autres que l'exemption de logement des
gens de Guerre & de toutes contributions à icelui.
Voyez l'Ordonnance du 22 Décembre 1726, Article 2.

côtés; cette piece de bois porteroit sur deux montans de bois de chêne de quatre pieds de haut, arcboutés par le bas au moyen de contre-forts du même bois, pour en assurer la solidité; il y en auroit un ou deux par Compagnie, suivant la force dont elles seroient; on suspendroit à chaque cheville un habit, la veste & la culotte, par le moyen d'une petite sangle d'un pouce de large sur trois de long, qui seroit cousue à la doublure & près du colet de chacun de ces effets, cela vaudroit beaucoup mieux que de les mettre le long de la muraille à des rateliers, parce que n'appuyant sur rien, l'air passe, & le Garde-Magasin, tout en marchant, pourroit les battre & vergeter sans les déplacer.

Les faisceaux d'armes seroient composés à peu de chose près de même, savoir d'une traverse & deux jambages : toute la différence consisteroit en ce qu'au lieu de chevilles, il y auroit des *hoches* à la traverse pour poser les canons des fusils, & à côté de chaque *hoche* on mettroit un crochet de fer, pour y placer un ceinturon & la cartouche ou demi-giberne, & qu'aux pieds des montans on adapteroit de chaque côté, & parallèlement dans la longueur, deux petites poutrelles distantes à deux pieds l'une de l'autre, entaillées pour recevoir & arrêter la crosse du fusil; ils seroient d'ailleurs également de quatre pieds de hauteur.

Les mannes d'osier auroient six pieds de long sur trois de large; il y en auroit par Compagnie une pour les chemises & havresacs*, une pour

***

* S'ils sont de toile, car s'ils étoient à la moderne de peaux, comme ceux de l'Infanterie, il faudroit les suspendre un à un à des rateliers que l'on placeroit le long des murailles.

les souliers & une pour les chapeaux; & quant à ces derniers, il seroit enjoint au Garde-Magasin d'avoir la précaution d'en rabattre les aîles, de les bien nétoyer avant de les serrer, & de les ranger à plat, par lit, en observant de mettre une feuille de gros papier gris entre chaque lit de chapeaux; ils ont la sale coutume de les empiler forme dans forme, sans s'embarrasser si la graisse du dedans de l'un gâtera le dehors de l'autre, négligence qui en occasionne la pourriture.

Les caisses seroient mises dans des étuis de coutil, & placées sur une planche attachée à la muraille de l'un des bouts du magasin, & les drapeaux à l'autre extrémité, sur deux fortes chevilles enfoncées dans le mur.

A l'égard des guêtres, jarretieres, cocardes & cols noirs, il conviendroit que les Capitaines fussent personnellement chargés de leur conservation & entretien, au moyen *de dix* de chacun de ces effets qu'on leur donneroit de neufs à chaque assemblée, d'autant que par leur peu de volume & leur quantité, il est plus difficile à un Garde-Magasin d'éviter qu'il ne s'en égare ou perde, que lorsqu'ils seroient remis en petit nombre entre les mains d'un Officier intéressé personnellement à leur conservation.

Une précaution essentielle & générale, c'est d'affecter une *Lettre* à chaque Compagnie, pour parer à l'inconvénient des mutations de * Capi-

---

* L'usage étoit autrefois que les Capitaines faisoient faire de ces marques en fer qui contenoient leurs noms tout au long, mais comme à chaque Mutation le Successeur mettoit la sienne, il en résultoit à la suite des temps une chamarrure de noms sur les crosses, sur les ceinturons & sur les portes-cartouches qui faisoient non-seulement vilain effet au coup-d'œil, mais encore qui dégradoit ces effets; la lettre que je propose obvie à cet inconvénient parce que

taines,

taines, & de numéroter les habits, veftes, culottes, chapeaux, fufils, bayonnettes, ceinturons & gibernes ou cartouches.

C'eft à cela que je deftine les marques dont j'ai
fait mention ci-deffus; celles en bois font pour
les habits & les veftes; on les trempe dans une
compofition de noir, & on les applique à la
doublure de la bafque de derriere de ces deux
effets; pour la culotte, à la ceinture.

Celles en fer ferviroient à la buffletrie.

Quant aux armes, un Armurier ou Serrurier
graveroit fur le canon du fufil & fur la douille
de la bayonnette les mêmes lettres & numéros.

Les havrefacs feroient pareillement marqués
fur la courroie, avec la marque en fer.

A l'égard des chapeaux, on fe ferviroit d'une
petite plaque de fer blanc, piquetée des mêmes
marques, qui feroit coufue dans les retrouffis
avec du fil fort & ciré, & l'on rendroit le Soldat
refponfable de fa confervation jufqu'à fa remife
en magafin *.

Les guêtres, chemifes, cols noirs & cocardes
de bafin, fe marqueroient comme il eft d'ufage
pour le linge, en obfervant de fe fervir de fil
plus gros, & de faire les lettres plus grandes.

---

la Compagnie A, eft toujours la Compagnie A; quoique la Compagnie Pierre foit devenue la Compagnie Jacques.

** En 1750, j'avois établi à Saint Denis avec ces précautions
le Magafin du Bataillon de Milice de la Ville de Paris, & lorfqu'en 1756, il fut envoyé en garnifon, l'habillement fembloit
fortir des mains de l'ouvrier malgré l'ufage qu'on en avoit fait
aux affemblées annuelles; j'avois fait imprimer des contrôles à la
lettre de chaque Compagnie, fur lefquels les numéros étoient répétés; l'ufage en étoit familier aux Officiers, Sergens & Caporaux, & lorfque le Bataillon s'affembloit, il étoit habillé en un
moment fans confufion; j'avois feulement foin de les faire délivrer aux Capitaines la veille de l'affemblée; il n'en falloit pas davantage pour le remettre en Magafin le jour du licenciement; tout
cela n'exifte plus (en 1773.)

D

Il faudroit auſſi que les chevalets, tant pour les armes que pour l'habillement, les rateliers pour la buffletrie, & les mannes d'oſier fuſſent marqués de la lettre *peinte* de la Compagnie; & chaque cheville timbrée de ſon numéro avec la marque de fer.

Au moyen de ces arrangemens, que je ne propoſe qu'après en avoir fait uſage avec ſuccès, on peut compter ſur la propreté & ſur la durée d'un habillement; & ces détails de meſures * à prendre pour en aſſurer la conſervation, ſont bien plus longs à décrire qu'à exécuter.

CHAPITRE

9.

Des Rangs des Régimens Provinciaux.

LE Rang des Corps Militaires ne peut être jugé indifférent que par des gens mal inſtruits des détails du ſervice; mille circonſtances, plus ou moins de conſéquence, en rendent la prérogative intéreſſante; ſoit à la Guerre, ſoit dans les Garniſons; elles tiennent à l'utile, à l'agréable, & quelquefois elles ſont de nature à influer ſur l'honneur.

Parce qu'une erreur faite dans le commencement de l'établiſſement de l'ancienne Milice, a

---

* J'avois fait imprimer un tarif du prix de chaque effet, & s'il y avoit du dégat de fait pendant l'aſſemblée par la faute du Soldat, on lui en faiſoit la retenue ſur les ſix jours de gratification qu'il avoit alors, & qu'il n'a plus depuis l'Ordonnance du 17 Avril 1772, il y a des gens qui penſent que le Roi ne gagne pas aux deux ſols par lieue qu'on leur a ſubſtitués.

occafionné à cet égard un ufage inconféquent, & qu'il y a long-tems qu'il exifte, ce n'eft pas une raifon pour le faire refpecter; il n'y a certainement jamais lieu à prefcription en faveur d'un abus lorfqu'il eft reconnu; celui qui avoit lieu alors, & qui fubfifte encore aujourd'hui eft évident; & lorfqu'on y réfléchit l'on s'apperçoit du peu de folidité de la bafe d'où l'on eft toujours parti, en réglant le rang des Troupes Provinciales entr'elles fur celui des Régimens de Troupes réglées, qui portent le nom des Provinces dont les premieres font tirées.

Je dis que cette difpofition eft la fuite & l'effet d'une premiere erreur fur laquelle on a toujours gliffé, & je vais le démontrer.

Le premier Régiment d'Infanterie de France s'appelle PICARDIE, mais il doit cette prérogative à fon ancienneté de création, & le nom qu'il porte au pur hafard.

Voici ce que rapporte à ce fujet l'Hiftorien de ce Corps.

» En 1563 le Roi Charles IX créa un Régi-
» ment d'Infanterie pour fa Garde, fous le nom de
» GARDES FRANÇOISES, dont PHILIPPE STROZZY
» fut premier Meftre-de-Camp; il fut envoyé
» en 1566 en quartier en Picardie, revenu à
» Paris en l'année 1567, le féjour qu'il avoit
» fait en cette Province avoit infenfiblement
» accoutumé le public à le nommer indifférem-
» ment STROZZY * ou PICARDIE; & comme M.

---

* Son véritable étoit cependant celui des GARDES FRANÇOISES, mais on n'employoit cette dénomination que dans les Etats de payements, & l'on évitoit de s'en fervir pour n'y point aigrir les Proteftans qui s'en choquoient, & qui parvinrent à le faire caffer en 1573; il fut rétabli en 1574.

» Strozzy devint Colonel général d'Infanterie en
» 1569, il partagea ce Corps, qui avoit été con-
» sidérablement augmenté, & en forma trois
» Régimens.

 » Le premier conserva & porte encore le titre
» de Régiment des Gardes-Françoises *.

 » Le second (*qui est la cause de l'erreur en ques-*
» *tion*) prit le nom de son Mestre-de-Camp Sa-
» rieu, & continua de porter celui de chacun
» de ses Successeurs jusqu'en 1582, que, dégoûté
» du désagrément d'en changer à chaque muta-
» tion de Colonel, il demanda, & obtint l'aveu
» de la Cour pour prendre déterminément celui
» de la Province de Picardie, qu'il a toujours
» conservé depuis ».

Ce choix n'eut donc d'autre principe que l'habitude de l'avoir porté d'abord, bien qu'accidentellement, comme je l'ai prouvé ci-dessus;
ainsi, quand il en porteroit un différent, il n'en
jouiroit pas moins de la susdite prérogative; son
origine ainsi développée prouve clairement que
la province de Picardie ** n'en acquiert pas le
moindre droit qui puisse légitimer le rang dont
jouissent les Régimens qu'elle fournit.

Ces faits bien éclaircis, il seroit simple, juste
& analogue à la nature des Troupes Provinciales
de suivre d'abord l'ordre des Généralités pour dé-

---

* Je remarque à cette occasion qu'il semble qu'on devroit dire
Gardes-François; quand on parle de la Garde du Roi,
on peut dire la Garde-Françoise, parce qu'il y en a
une Suisse; mais quand on veut exprimer le Régiment, il faudroit
dire le Régiment des Gardes-François; il est assez ridicule que lorsqu'un Etranger voit passer un Soldat de ce Corps, &
qu'il demande quel il est, on lui réponde c'est un Garde-Françoises.
** L'arrangement existant est d'autant plus abusif, que cette
Province de Picardie n'est encore que la seconde considérée comme
Intendance, & la troisieme comme Gouverneur Général.

terminer le rang des Régimens, & que ceux qui font de la même Généralité priffent entr'eux celui d'ancienneté & de confidération des Villes dont ils portent le nom ; alors, comme la Généralité de Paris eft la premiere*, les Régimens qu'elle fournit auroient le premier rang, ceux de la Généralité de Soiffons le fecond, ceux de la Généralité d'Amiens le troifieme, ainfi des autres; & dans chacune d'elles le nom que portent ces Corps décideroit. Par exemple.

Dans la Généralité de Paris, le Régiment qui porte le nom de cette Capitale, & que l'Ordonnance du 27 Novembre 1765 place à la tête de ceux de ladite ** Généralité, doit être pour les Troupes Provinciales ce que Picardie eft pour les Troupes réglées.

Le Régiment de Sens le fecond, parce que cette Ville eft le Chef-Lieu d'un Archevêché, & qu'elle eft d'ailleurs Capitale du Senonois.

Le Régiment de Senlis le troifieme, parce que cette Ville date du troifième Siècle, & qu'elle eft Evêché.

Le Régiment de Mantes le quatrième, parce

---

* *Voyez* le Tableau de répartition des Bataillons de Milices, annexé à l'Ordonnance du 20 Novembre 1736.

** Avant cette époque il n'en avoit jamais fait partie, il étoit le dernier de tous, les Drapeaux qu'il conferve encore font abfolument différens de ceux de ladite Généralité, qui font ceux du Régiment d'Infanterie de l'Ifle de France, il n'eût pas été plus difficile, ni moins conféquent, de lui faire franchir l'efpace entier, en le mettant le premier, qu'en le plaçant le vingt-troifieme. Mais fi l'intention d'affimiler ces corps à l'Infanterie réglée, ne paroiffoit pas permettre de commencer par 1, l'ordre numérique dans lequel je propoferois de les ranger; il feroit tout fimple de donner au premier de ces Régimens le numéro qui fuit immédiatement le Régiment d'Enguien, & ainfi de fuite jufqu'au dernier, après lequel les Régimens d'Infanterie réglée fur lefquels les troupes Provinciales ont l'ancienneté, reprendroient la numération où celles-ci l'auroient laiffée.

D iij

que cette derniere ne préfente aucun de ces motifs de confidération.

Cet ordre conféquent, rendu immuable, paroîroit à tous les inconvéniens que préfente celui qu'établit l'Ordonnance du 27 Novembre 1765, que n'a point corrigé celle du 4 Août 1771, & qui ne peut être qu'une occafion de tracafferies fans nombre, tant entre les Chefs qu'entre les Corps même, à caufe des variations fréquentes qui auront lieu lorfque ces Officiers quitteront le Commandement ; car il arriveta alors que tel Régiment, qui le matin avoit la droite de toute une garnifon ou d'une Brigade au Camp, fe trouvera le foir à la gauche, &c.

CHAPITRE

10.

Des affemblées , & du moyen d'en tirer le meilleur parti poffible pour l'inftruction des Troupes Provinciales.

IL y a trois chofes principales à obferver dans les Affemblées Provinciales.

1°. Simplifier les opérations du premier jour de la formation de ces Corps, pour qu'elles prennent le moins de momens poffibles, parce qu'ils font tous précieux dans des Affemblées de fi peu de durée.

2°. En employer tout le tems à inftruire le Soldat fur la Difcipline, l'Exercice, en un mot fur tout ce qui peut donner à un payfan une idée du Militaire.

3º.* Chercher les moyens les plus propres à procurer la conservation des effets d'habillement, d'équipement & d'armement , & en assurer les réparations.

Le premier & le troisième de ces objets sont traités dans un Réglement ** que j'ai fait imprimer en 1752 ; non que j'aie la vanité de le proposer comme un modèle à imiter , mais parce que d'après l'expérience de l'utilité dont il a été, je suppose qu'il peut contenir quelques matériaux qui, mieux employés, opéreroient le bien , & c'est tout mon but.

Le second des articles que je mets ici en avant s'y trouve aussi déterminé ; mais il exige que j'ex-

---

* Je traiterai de nouveau cet objet intéressant dans le Chapitre où je parlerai des Magasins.

** J'en ai remis un exemplaire au Bureau de la Guerre à la fin de l'année derniere 1772 , il prend le Soldat dans son lit , & l'y ramene en déterminant d'une maniere fixe & invariable ce qu'il fera à toutes les heures du jour ; par exemple , à la Générale , (ou au Rappel [a] suivant les circonstances) qui se battra à cinq heures du matin, le Soldat se levera , fera son lit , ouvrira les fenêtres de sa chambre , la balayera , se peignera , fera sa queue , se lavera les mains , préparera ses armes ; à six heures , l'Assemblée l'avertira de sortir dans la rue & de se ranger en haie pour être inspecté par les Sergents , & ensuite par les lieutenants, qui le conduiront au rendez-vous général du Régiment , où arrivés , ils seront pris séparément & exercés un à un , deux à deux , &c. jusqu'à neuf heures ; alors on les laissera reposer une demi-heure ; à neuf heures & demie , on les rassemblera pour leur donner de l'ensemble pendant une heure , à onze heures & demie on les renvoyera manger la soupe , & se reposer. L'après-midi , la suite de ce protocole régleroit de même les occupations auxquelles elle devroit être employée , & la présence ni l'absence des Chefs n'influeroit en rien sur la besogne , laquelle ainsi déterminée , ne dépendroit plus de l'arbitraire.

[a] L'article premier du titre 7 de l'Ordonnance du premieer Janvier 1766 substitue le rappel à la place de la batterie nommée l'Assemblée , ci-devant en usage ; je ne crois pas qu'il la remplace avantageusement. On se sert du rappel en nombre de circonstances , le Soldat s'y habitue & le néglige ; l'Assemblée , au contraire , étoit consacrée à un objet unique , d'ailleurs le nom emportoit la chose , & c'est ce qu'il faut , car il ne conviendroit pas que la charge signifiât la Retraite.

pofe les motifs qui m'avoient engagé à enchaîner ainfi ma propre volonté fur l'emploi de toutes les heures du jour.

Je m'étois apperçu,

1°. Que les Commandans des Bataillons de Milices fe livroient trop à leurs idées dans le choix des objets fur lefquels ils croyoient qu'il étoit plus important de faire porter les inftructions qu'ils devoient donner à leurs foldats pendant les courtes Affemblées de paix.

2°. Que cette même liberté les laiffoit expofés aux obftacles qu'apportoient auxdites inftructions la curiofité, les égards, l'amour-propre & la table.

Ces obfervations m'engagerent à dreffer le Réglement en queftion pour me tracer un cercle d'occupations imperturbables, & j'ai reconnu, par les Infpections dont j'ai été chargé depuis, que les Régimens Provinciaux, pour avoir changé de nom & de forme ne font pas plus exempts des mêmes inconvéniens, & peuvent avoir befoin d'un bouclier femblable pour s'en garantir.

Il eft d'ailleurs certain, généralement parlant, que les Chefs de ces Corps ne font exécuter que des chofes qui font prefcrites dans les Ordonnances du Roi; mais il ne l'eft pas moins que chacun y choifit ce qu'il croit le plus effentiel, & fuit en cela fon goût & fes lumieres.

L'un s'aftreint fcrupuleufement à mettre les hommes à la muraille, à leur donner l'à-plomb, en un mot, s'attache uniquement à tâcher de les perfectionner fur les premiers principes, fans faire attention qu'il n'a que peu de jours pour les en inftruire; qu'ils feront enfuite environ un an à les oublier, & qu'ils reviendront l'année enfuite tout auffi peu en état de paroître en troupe que la premiere fois. Il recommencera la même chofe alors ; & en continuant ainfi d'affemblée en affemblée, il fe trouveroit qu'au bout de mille ans le Régiment en feroit toujours là.

On m'objectera qu'il faut connoître les lettres avant de lire, mais je réponds que fi l'on me fait paffer ma vie à les apprendre je ne lirai jamais, & je crois qu'il vaut mieux épeller un mot en bégayant, que de ne pouvoir le lire du tout.

Un autre, au contraire, fe laiffe féduire par le coup-d'œil de l'enfemble, & fans rien dégroffir paffe rapidement aux évolutions.

Le premier fûrement péche moins que le fecond, mais tous deux ne vont point au but que j'imagine (*peut-être en me trompant auffi*) être celui que l'on doit fe propofer, favoir ; de donner à ces payfans une idée fuperficielle de tout ce qu'ils doivent exécuter un jour, comme pofitions, marches, exercice & manœuvres, fauf à polir cette inftruction lorfque le Roi jugera convenable au bien de fon fervice d'envoyer ces Troupes en garnifon ; autrement de la premiere façon on les ennuye fans les inftruire, de la feconde on les embrouille, de la troifième on les amufe, & on leur fait prendre goût au métier en leur en efquiffant le plus effentiel.

Je paffe au deuxième inconvénient que j'ai annoncé.

Il n'y a point de Ville, fi petite qu'elle foit, qui ne renferme quelques perfonnes de confidération, il y en a dans les environs. Le défœuvrement fait que l'on cherche de la diffipation, tout fait objet à la campagne. On fait qu'il y a un Régiment Provincial à tel endroit, cela fait un point de promenade, on y va.

Le Chef est flatté que l'on vienne voir sa Troupe, & s'il est prévenu il offre à dîner, il avance ou retarde les heures ordinaires des Exercices, l'ordre du service, des instructions, enfin celui du manger du Soldat, tout est interverti. L'on passe à parader des jours que l'on devroit employer à travailler férieusement à s'instruire, & des jours que doit durer l'assemblée, il n'y en a quelquefois pas quatre dont on ait fait usage conformément aux vues de l'administration.

Si, au contraire, il existoit un Réglement qui nécessitât les occupations de toutes les heures de la journée, il n'y auroit plus d'arbitraire, les complaisances n'influeroient plus sur les instructions, elles iroient toujours leur train; & le Soldat qui sauroit alors dès le matin ce qu'il auroit à faire toute la journée, s'y conformeroit d'autant plus exactement qu'il ne seroit plus inquiété par des variations continuelles.

Mais pour mieux remplir encore cet objet important, je voudrois que lors des assemblées on fît camper les Régimens Provinciaux par Généralités sous les ordres de l'Officier-général chargé de leur inspection.

Il en résulteroit deux avantages.

Le premier, le soulagement des habitans des Villes où il est d'usage de faire ces Assemblées.

Le second, que les Officiers & bas-Officiers ayant continuellement le Soldat sous leurs yeux, les instructions feroient plus facilement répétées, & que celui-ci apprendroit en même-tems le Service de Garnison & celui de Campagne.

Les Officiers Municipaux sont dans l'usage, par des considérations le plus souvent volontaires, mais quelquefois indispensables, d'étendre le logement d'un Régiment dans les Fauxbourgs chez les plus pauvres des Habitans. Pour ne les point fouler, ils mettent les Soldats tout au plus deux ou trois dans une même maison, & ces maisons sont souvent distantes les unes des autres, éparses çà & là dans la campagne; les Officiers & les bas-Officiers ne sont point à portée de les visiter aussi souvent que le bien du Service l'exigeroit, ni de les instruire des ordres ordinaires avec autant de célérité qu'il seroit nécessaire, encore moins des imprévus. Le Soldat abandonné à lui-même, peu instruit de l'exactitude & des devoirs qu'impose un état qu'il ignore, ne se rend point aux heures prescrites, on perd du tems à le chercher & à l'attendre, & ensuite on lui en fait perdre pour son instruction en le mettant en prison.

Un autre inconvénient de cette dispersion est la difficulté de les faire subsister. Il est certain que la paie du Soldat ne peut lui suffire qu'en faisant ordinaire plusieurs ensemble, & cela devient presque impossible par la vicieuse assiette de ces logemens.

D'un autre côté, l'habitant se plaint de l'incommodité & de la dépense que lui causent ces ordinaires, en feu & en lumiere, & de l'embarras de les avoir chez lui.

Ce n'est que difficultés de tous côtés. Faites camper les Soldats Provinciaux, elles disparoissent.

Le Soldat réuni sous des tentes dans un terrein circonscrit, feroit plus de progrès en douze jours d'assemblée, qu'il n'en pourroit faire en trois mois, logé comme il l'est ordinairement.

L'Officier, campé comme lui, donneroit tout son temps à l'instruction de la troupe confiée à

ſes ſoins, & n'en perdroit plus dans les ſociétés
que lui offrent les Villes, & qui lui font perdre
de vue ſes devoirs.

Le Citoyen ſeroit tranquille ſur ſes foyers.

Le Roi enfin auroit des Régimens Provinciaux
qui apprendroient plutôt, plus aiſément, & en
même-tems (*comme on l'a avancé ci-deſſus*) le ſervice de Campagne & celui de Garniſon ; car on
fait dans un Camp celui qui ſe fait dans une place ; au contraire, il eſt nombre de devoirs qui
n'ont pas lieu en garniſon, & qui ne s'exécutent
que lorſque les Troupes ſont ſous la toile.

Mais il ne faut pas que ces camps occaſionnent
une augmentation de dépenſe au Roi, c'eſt le
vice de tous les projets que l'on propoſe en France,
de ne pouvoir ſe ſuivre qu'à force d'argent ; celui-
ci en ſera exempt, ſi l'on veut ſe reſtraindre à
l'exécuter ſimplement, ſi l'on fait des loix pour
enchaîner le luxe, la molleſſe, & enfin ſi l'on ſe
refuſe fermement aux repréſentations que ne
manquera pas de faire *la chere commodité* *.

Cela poſé, je vais expliquer les meſures qu'il
conviendroit de prendre pour mettre en uſage le
plan que je propoſe ; je choiſis pour exemple la
Généralité de Paris, & il ſera facile de l'adapter
aux autres Généralités du Royaume.

Je ſuis perſuadé qu'il n'y a point de néceſſité
en tems de paix d'aſſembler toutes les Troupes
Provinciales à une même époque, & que c'eſt à
la culture dont le ſol de la Province eſt ſuſceptible à indiquer le moment le plus propice ou qui
préſente le moins d'inconvéniens pour le faire.

---

* Expreſſion du Maréchal de Saxe, qui rend on ne peut pas plus
ſenſiblement les néceſſités que l'Officier ſe fait aujourd'hui, *voyez
les Rêveries, Tome premier, page 83.*

Par exemple, les productions principales de la Province de l'Iſle de France étant en grains & vignes, les Régimens de cette Généralité devroient être aſſemblés au mois de Septembre *, tems où il eſt de notoriété que la moiſſon eſt faite, & que les vendanges ne ſont point commencées.

Il ne faudroit qu'un ſeul rendez-vous, & il ſeroit à ſouhaiter qu'il pût être placé au centre de la Généralité.

Meaux paroîtroit le lieu le plus reſpectivement à portée des Elections les plus excentriques de la Généralité ; mais la conſidération du terrein des environs de cette Ville s'y refuſe : ce ſont des terres labourées ou labourables qui exigent du cultivateur des façons, & qui pourroient ſouffrir du trepignement indiſpenſable d'un grand nombre d'hommes campés dans un même endroit.

Il conviendroit donc d'en choiſir un où cet inconvénient n'eût pas lieu. Cet endroit ſe trouve près de Compiegne, à l'Abbaye de *Royal-Lieu* ** ; c'eſt une pelouſe ſur un fond ſablonneux, excellent en tout tems pour l'exercice & les manœuvres.

Il ſeroit un peu éloigné des Elections Méridionales qui compoſent le Régiment de Sens ; mais comme cela n'arriveroit qu'une fois l'année, qu'il n'y auroit qu'un petit nombre d'hommes dans ce cas, & que ce ſont des jeunes gens endurcis à la fatigue, point chargés de bagages, je penſe que l'inconvénient *** n'eſt pas de nature à faire re-

---

* D'ailleurs on a remarqué que depuis pluſieurs années les automnes ſont beaucoup plus belles que les printemps ; preſque toujours le mois de Mai a de très-mauvais temps & qui s'oppoſent abſolument à ce que l'on puiſſe exercer le Soldat dehors.

* C'eſt ſur ce terrein, qu'on a fait les Camps d'exercices qui ont eu lieu pendant les dernieres années du Miniſtere de M. le Duc de Choiſeul.

** J'obſerve de plus qu'à cette époque les grandes chaleurs ſont paſſées.

jetter une propofition qui préfente autant d'avantages ; il feroit indiqué pour rendez-vous général
des Soldats Provinciaux de la Généralité ; ce feroit
aux Syndics à calculer le tems qui feroit néceffaire pour avertir les Soldats affez-tôt pour qu'ils
puiffent y arriver au jour indiqué.

Les marmites, bidons, gamelles & tentes dont
on a fait ufage aux derniers Camps de Compiegne, ont été tranfportés nouvellement à Lille ;
il feroit facile de les y faire rapporter en nombre
fuffifant, non-feulement pour les Soldats, mais
auffi pour les Officiers *.

Quant *à la paille & le bois* néceffaires, les Villes
où fe feroient faites les affemblées, telles que
Sens, Pontoife, Senlis & Saint-Denis, débarraf-
fées de l'incommodité du logement, donneroient
une fomme de 300 liv. par Bataillon, avec laquelle il feroit pourvu à ces deux fournitures.

Pour faciliter la fubfiftance du Soldat, il feroit
convenable de lui donner un fupplément de folde
pour fournir à l'achat des légumes qui lui font
effentiellement néceffaires, & fans lefquels il vit
miférablement ; cette augmentation de dépenfe
feroit prife fur les fonds que j'ai indiqués dans le
Chapitre 6, & le Miniftre détermineroit ce qu'il
conviendroit de paffer à chaque Bataillon pour
cet objet.

Il feroit pourvu à la fourniture du pain comme
il eft d'ufage pour les Troupes réglées, & à la
retenue ordinaire.

Quant à la viande, elle eft fi chere actuellement, qu'il feroit indifpenfable de la faire four-

---

* On en fourniroit une à chaque Capitaine, & aux Lieutenants une pour deux, des Officiers peuvent bien fupporter de camper fous une Cannoniere pendant des Affemblées d'une auffi courte
durée.

nir par entreprife au Soldat à raifon d'une demi-
livre par jour pour chaque homme ; on la lui re-
tiendroit fur le pied de deux fols la livre ; *la plus
value** feroit prife fur les mêmes fonds.

Il ne feroit point du tout néceffaire de donner
de fupplément de paye, ni gratification aux Officiers pour raifon de ce campement, ils y trouveroient des tentes, de la paille **, des marmites,
des bidons, des gamelles, & feroient en état d'y
vivre en faifant ordinaire enfemble au Camp,
beaucoup moins chèrement qu'à la Ville.

L'inftruction des Soldats en fructifieroit infiniment davantage, en ce que les Officiers ne feroient pas diftraits, & n'auroient plus d'occafions
qui les engagent à faire un mauvais ufage de leur
tems & de leur argent.

Il faudroit, de plus, défendre fous les peines
les plus févères tous autres alimens que la viande
de boucherie bouillie & rotie, fans nulle efpèce
de ragoûts, même les plus fimples.

Le Général commandant le Camp feroit affu-
jetti à la même loi, & fa table ne feroit fervie
qu'en alloyaux, gigots, bœuf à la mode, &c.
fans aucuns gibiers ni volaille; il feroit égale-

---

* Cette dépenfe a lieu dès à préfent, dans les Villes où les Régiments s'affemblent, & elle y eft encore indifpenfable.

1°. Parce que l'inconvénient exifte plus fenfiblement pour lui dans
les Villes où il eft logé, à caufe de la concurrence du Bourgeois.

2°. Attendu les droits d'octroi qui renchériffent les denrées.

Il en eft de même des légumes, les gens de la Campagne les porteroient directement au Camp, où il feroient fûrs d'en avoir un
prompt débit, & le Soldat n'auroit pas à fouffrir pour fe les procurer.

Dans la fuppofition donc, qu'on adoptât ce projet, on pourroit
prendre fur les fonds que j'indique ici les fommes néceffaires à la
fourniture indifpenfable de la *paille* & *du bois*, dans les cas où les
Villes feroient difficulté de confentir à la fubvention que je propofe de leur demander.

** On peut s'en rapporter à eux, pour fe procurer les petites commodités dont ils pourroient fe faire un befoin.

ment défendu d'y boire d'autres vins que celui
du pays, à raison d'une demi-bouteille par con-
vives sans liqueurs ni caffé, & le dessert se réduiroit à du fromage, des noix, servis simple-
ment sur des assiettes communes.

Cette vie, à la vérité, ne seroit pas volup-
tueuse, mais l'objet de ces assemblées n'est pas
que l'Officier passe sa vie à table ou avec les Da-
mes, c'est qu'il en mette à profit tous les instans
pour que le tems qu'elles durent serve à l'instruction des hommes confiés à leurs soins. Il en est
sans doute auxquels cette loi somptuaire pourroit ne pas plaire, mais peu importe, si le plus
grand bien du service du Roi en ressort. Ce qu'il
y a de certain c'est qu'ils dépenseroient moins,
s'en porteroient mieux, & auroient la satisfac-
tion de pouvoir se dire, j'ai rempli mes devoirs
& fait mon métier.

Lorsque l'Assemblée seroit indiquée, les Officiers de l'Etat-Major (*qui sont payés toute l'année*)
& les bas-Officiers (*qui jouissent également d'une
haute paie journaliere*) se rendroient au quartier
trois jours à l'avance, ils s'occuperoient à marquer
le camp, à le tendre, & à disposer les choses de façon que le Soldat en arrivant n'eût qu'à s'habiller.

Le Commissaire des Guerres présideroit à la
délivrance des effets d'habillement, d'équippement & armement, qui seroient remis aux Majors des Régimens pour être par eux distribués
tente par tente en nombre égal à celui des hommes qui devroient les occuper, de maniere que
les bas Officiers de chaque Compagnie les déli-
vreroient à fur & à mesure qu'ils se présente-
roient, les en feroient revêtir sans le moindre
embarras, & il en résulteroit que dès l'après-

midi

INFANTERIE PROVINCIALE.

RÉGIMENT D

BATAILLON.

GÉNÉRALITÉ d

ÉLECTION d

Approuvé par nous

armées du Roi, chargé de

l'Inspection dudit Régiment.

PERMISSION MILITAIRE.
A NOUVEL ORDRE.

DE PAR LE ROI.

Nous soussignés, certifions à tous ceux qu'il appartiendra, avoir permis au nommé

natif d en la province d habitant ordinairement à

Provincial pour la paroisse d Election d du tirage de 177

âgé de ans, taille de pieds pouces lignes, cheveux sourcils

de sa vacation ; de se retirer dans sadite paroisse d

pour y demeurer jusqu'à nouvel ordre; & dans le cas où il désireroit s'en absenter, lui enjoignons de se conformer à ce que prescrit l'article 25 de l'Ordonnance du 4 Août 1771, ci-après.

EXTRAIT DE L'ORDONNANCE du 4 Août 1771, ARTICLE 25.

LES Grenadiers, Soldats & Tambours des régimens *Provinciaux*, auront la liberté d'aller travailler où ils voudront, pendant que leurs Régimens ne seront point assemblés; à la charge de se représenter toutes les fois que Sa Majesté jugera convenable au bien de son service, d'indiquer une nouvelle assemblée; à l'effet de quoi ils seront tenus de déclarer l'endroit où ils voudront aller, aux Maire, Echevins, Consuls, Syndics & Marguilliers de leur paroisse, qui leur en délivreront une permission par écrit, laquelle leur servira de passeport dans les différens lieux du royaume qu'ils auront à traverser : lesdits Maire & Echevins seront tenus d'en donner avis au Major du régiment.

Ce faisant, & se conformant au surplus aux dispositions de l'Article XXV de l'Ordonnance du 27 Novembre 1765, dont l'extrait est rapporté ci au dos, jouira le susnommé des priviléges & exemptions accordés aux Soldats Provinciaux par les Ordonnances. FAIT à le

mil sept cent soixante-

Ordonné par nous COLONEL
dudit régiment.

Certifié par nous COMMISSAIRE des Guerres,
chargé de la police dudit régiment.

Expédié par nous MAJOR
dudit régiment.

EXTRAIT de l'article 25 de l'Ordonnance du Roi du 27 Novembre 1765.

. . . . Si quelques Miliciens (*aujourd'hui Soldats Provinciaux*) manquoient de se rendre au Quartier d'Assemblée, ou venoient à en déserter, ils seront arrêtés par-tout où ils se trouveront ; l'intention de Sa Majesté étant, que ceux qui auront été appréhendés, soient contraints de servir dans les Milices (*aujourd'hui Troupes Provinciales*) , dix années au-delà du terme de leur engagement.

INFANTERIE PROVINCIALE.

RÉGIMENT D

BATAILLON.

GÉNÉRALITÉ d
ÉLECTION d

Approuvé par nous
des camps & armées du Roi, chargé de
l'inspection dudit Régiment.

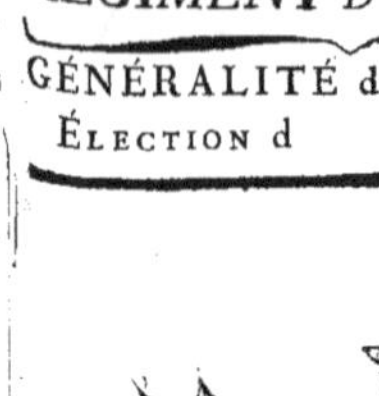

CERTIFICAT MILITAIRE.
Pour service Provincial, rempli.

DE PAR LE ROI.

Nous souffignés, certifions à tous ceux qu'il appartiendra, que le nommé
natif d   en la province d   généralité
d   Élection d   Provincial pour la paroiffe
d   en la province d   généralité d   Élection
d   âgé de   ans, taille de   pieds   pouces   lignes; cheveux
fourcils   barbe   de la vacation d   a rempli cette année le temps
de fon fervice, tel qu'il eft prefcrit par l'Ordonnance de Sa Majefté du   177
Qu'il s'en eft acquitté en bon François & brave Soldat; qu'en conféquence, il eft déchargé
pour fa vie dudit fervice Provincial, & doit jouir des priviléges & exemptions accordés aux
Soldats Provinciaux par l'article 50 de l'Ordonnance du Roi du 27 Novembre 1765,
rapporté ci au dos. En foi de quoi, nous lui avons expédié le préfent certificat pour lui
fervir en ce que de raifon.

FAIT à   le   jour du mois d   mil fept
cent foixante-

Ordonné par nous **COLONEL**
dudit régiment.

Certifié par nous **COMMISSAIRE dès Guerres**,
chargé de la police dudit régiment.

Expédié par nous **MAJOR**
dudit régiment.

EXTRAIT de l'article 50 *de l'Ordonnance du Roi, du 27 Novembre* 1765.

. . . . . . VEUT Sa Majefté que les Miliciens (*aujourd'hui Soldats provinciaux*) qui fe trouveront avoir fervi fix années , jouiffent de l'exemption de taille pendant un an : Que ceux . . . . qui fe marieront dans le cours de ladite année , aient ce privilége pendant deux années de plus ; laquelle exemption aura lieu , tant pour la taille induftrielle que perfonnelle , pour leurs biens propres ou pour ceux qui leur viendroient du chef de leur femme : Et dans le cas où ils prendroient , pendant ledit temps , des fermes ou exploitations étrangères , ils jouiront pendant une année de plus , de l'exemption de ladite taille , ainfi qu'il eft expliqué ci-deffus. Et attendu que ladite exemption pourroit fouffrir difficulté dans les provinces où la taille eft réglè , ordonne Sa Majefté que les Miliciens (*aujourd'hui Soldats provinciaux*) defdites provinces , qui feront impofés à la taille pour raifon de leurs biens propres & ceux de leur femme , ne puiffent être compris , pendant le temps ci-deffus réglé , dans les rôles des impofitions extraordinaires qui fe répartiffent au marc la livré.

Veut pareillement Sa Majefté que pendant tout le temps que les Miliciens ferviront , ils foient exempts de capitation & de la collecte; bien entendu qu'ils ne feront valoir que leurs biens propres.

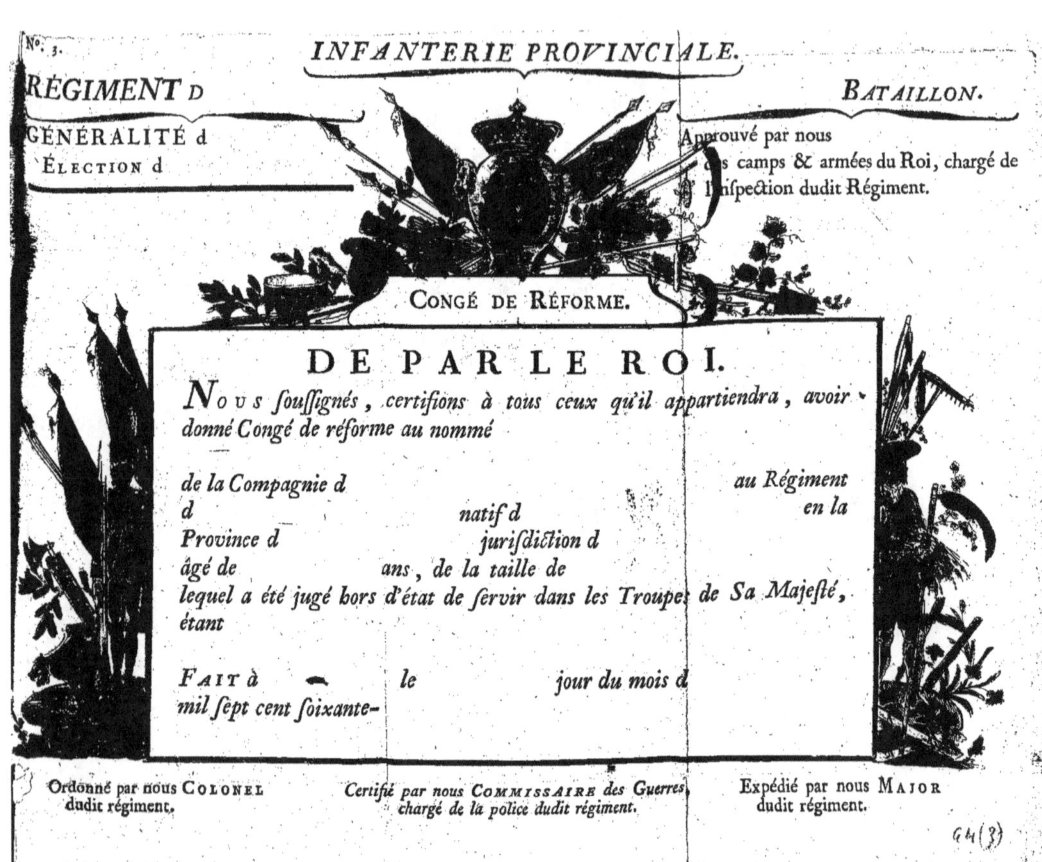

Nº 3.
INFANTERIE PROVINCIALE.
RÉGIMENT D
BATAILLON.
GÉNÉRALITÉ d
ÉLECTION d
Approuvé par nous
des camps & armées du Roi, chargé de
l'inspection dudit Régiment.
CONGÉ DE RÉFORME.
DE PAR LE ROI.
Nous soussignés, certifions à tous ceux qu'il appartiendra, avoir
donné Congé de réforme au nommé
de la Compagnie d   au Régiment
d   natif d   en la
Province d   jurisdiction d
âgé de   ans, de la taille de
lequel a été jugé hors d'état de servir dans les Troupes de Sa Majesté,
étant
FAIT à   le   jour du mois d
mil sept cent soixante-
Ordonné par nous COLONEL   Certifié par nous COMMISSAIRE des Guerres,   Expédié par nous MAJOR
dudit régiment.   chargé de la police dudit régiment.   dudit régiment.

midi du premier jour de l'Aſſemblée les Régimens ſeroient en état de commencer à faire le
ſervice du camp & à s'exercer.

Le déblaiement au licenciement s'exécuteroit
en pratiquant l'inverſe de cette opération.

CHAPITRE

II.

*De la compoſition des Troupes Provincia-
les, & des inſtructions qui leur ſeroient
propres.*

Dans un tems où les Militaires s'éclairent mu-
tuellement ſur les grands principes de la Tactique par des ouvrages pleins d'érudition, je me
garderai bien de faire entendre ma foible voix ; le
flambeau du génie les éclaire, & je ne marche
qu'à la lueur de la lampe du ſens commun & de
l'expérience. Je déclare donc que dans ce que je
vais dire je n'ai pour objet que les Troupes
Provinciales.

Il y a quarante ans que je ſers ; j'en ai paſſé
vingt dans les différens emplois de l'Etat-Major,
c'eſt-à-dire, Garçon Major, &c. j'ai particulierement connu ce Corps que ci-devant on appel-
loit Milice, & dont le changement de nom n'en
a point apporté dans l'eſpèce d'hommes dont il
eſt compoſé, & je me ſuis perſuadé qu'il ne faut
leur montrer que ce qu'ils doivent exécuter à la
Guerre, ne les habiller & ne les armer qu'en
conſultant la nature & le métier auquel on les
deſtine.   E

Je ne dirai qu'un mot fur chacun de ces trois articles, tout importans qu'ils font ; un Effai ne comporte point de difcuffions, il permet feulement d'expliquer les idées que l'on a des chofes ; mais avant que d'entrer en matiere j'expoferai ma profeffion de foi Militaire fur chacun des objets que je me propofe de traiter, pour en faire l'application à l'établiffement fur lequel j'écris.

Je crois généralement ;

1°. Que les nombres pairs font les vrais & les feuls faits pour les manœuvres.

2°. Que les Bataillons à quatre de hauteur étoient plus folides qu'à trois *, & moins expofés aux inconvéniens des irrégularités que préfente néceffairement le fol, & qui fe multiplient en raifon du plus ou moins d'étendue du terrein occupé.

3°. Qu'il eft inutile de chercher à faire illufion à l'ennemi par cette maniere de fe former, attendu qu'il eft toujours en état d'en faire autant, qu'elle nous fait perdre l'avantage que nous donne le tempérament ** de la nation pour le lui abandonner, parce que le principe de cet ufage moderne eft de tirer un meilleur parti du feu, & que cette façon de combattre eft plus analogue au fien.

4°. Que les Bataillons feroient bien à huit Compagnies de fufiliers, mais que ce n'eft pas affez d'une Compagnie de Grenadiers à la droite, qu'il faut pareillement une autre Troupe d'élite

---

* « *J'en ai même vû qui mettoient les Bataillons à trois de hau-
» teur ; mais mal en a pris à ceux qui l'ont fait ; fans cela je crois
» Dieu me pardonne, que nous ferions à deux, & peut-être d un,
» &c.* Voyez les Rêveries, Tome premier, Chapitre premier,
» Article VI «.

** Un autre diroit GENIE, mais je m'exprime fimplement &
comme je fens les chofes.

à la gauche, parce qu'on doit confidérer un Bataillon comme la miniature d'une Armée, qu'il faut en appuyer, couvrir & renforcer les flancs ; que de plus, par cette compofition, ils font difpofés à toutes fortes d'évolutions *.

5°. Que l'ordre *inverfe* ou *alternatif* obfervé dans la maniere d'arranger les Compagnies dans les Bataillons, les Bataillons dans les Régimens, les Régimens dans les Brigades, & enfin cellesci dans une Armée, ne peut avoir d'autre principe que d'appuyer de nouveaux Corps par des anciens, afin d'en tirer un meilleur parti, qu'il n'eft d'ailleurs propre qu'à embrouiller la matiere, & ne devroit plus avoir lieu aujourd'hui que tous les Régimens ont également fait leurs preuves.

6°. Qu'il feroit bien plus fimple & bien plus commode pour les marches, campemens & manœuvres de fuivre l'ordre d'ancienneté, ** lorfque rien ne s'y oppofe, & le hafard lorfque l'ennemi fe préfente inopinément ; car dans le fond pour l'attaquer & le combattre, il eft affurément indifférent que le *quatre-vingt-quatrieme* Régiment ait la tête d'une colonne ou la droite d'une ligne en fe mettant en Bataille, au lieu du *dixieme*, & cela donne bien plus de facilité au Général pour faire fes difpofitions.

---

* La Guerre derniere, on avoit formé des Compagnies de jeunes gens choifis fous le nom de CHASSEURS, (*& qui auroient été mieux fous celui de Grenadiers défignés*) pour remplir cet objet ; mais à la paix les hommes qui les compofoient rentretent dans les Compagnies de Fufiliers dont elles avoient été tirées, fans doute par motif d'économie. Lorfque les Chaffeurs étoient détachés on les fupléoit par un piquet d'hommes tirés des Compagnies de Fufiliers qui étoit d'un ancien ufage.

** Entre les Régimens, & attacher le rang d'ancienneté aux Compagnies & non aux Capitaines ; ceux-ci palferoient à leur tour aux anciennes Compagnies à méfure qu'elles vacqueroient ; mais la place des Compagnies dans les Bataillons demeureroit immuable.

7°. Je crois que ce feroit encore l'ancienneté qui devroit décider les places des Soldats dans une Compagnie. L'arrangement par rang de taille (*qui n'eft qu'un facrifice que la raifon fait au coup-d'œil*) qui place & déplace, à tous momens, un vieux foldat qui n'a que deux pouces, pour mettre un homme de recrue qui en a quatre, occafionne des variations très-capables d'humilier & dégoûter le premier.

8°. Que le mouvement, occafionné par les mutations de Capitaines, caufe un déplacement dans l'ordre des Compagnies qui ne me paroît pas pofer fur une bafe plus folide ; un Lieutenant monte * à la Compagnie d'un ancien Capitaine, & cette troupe, qui depuis vingt ans marchoit la premiere du premier Bataillon du Régiment, devient la dernière du quatrième, par le *micmac* appellé tiercement. Certainement ce changement de pofition déplaît au Soldat ; il y auroit bien moins d'inconvénient à ce que le nouveau pourvû n'apportât point de changement au rang de la Compagnie, d'autant que pour être placé le deuxieme, il n'en feroit pas moins le dernier Capitaine du Régiment, & commandé par tous les anciens.

9°. Qu'il n'eft pas befoin de chercher de noms nouveaux pour exprimer des chofes, que ceux dont on fe fervoit anciennement rendoient très-intelligiblement, & que pour divifer un Bataillon & le faire mouvoir, foit entier, foit par portions, on feroit mieux de fe fervir du nom de la chofe même.

---

* Il feroit plus conféquent d'y faire paffer l'ancien Capitaine & le Lieutenant nouvellement pourvu, prendroit la derniere Compagnie, qui par-là fe trouveroit vacante.

PAR EXEMPLE, que l'on dît *Bataillon*, lorsqu'on parle à l'entier, & que l'on veut lui faire exécuter une manœuvre réunie.

DEMI-BATAILLON, quand on se propose de le faire rompre par moitié.

QUART DE BATAILLON, lorsque c'est dans cette proportion.

COMPAGNIE, lorsque c'est par huitieme, parce que le Bataillon étant de huit Compagnies, * elles en forment naturellement la huitieme partie.

PAR DEMI-COMPAGNIE, lorsqu'on veut le diviser en seize.

Enfin par QUART DE COMPAGNIE, si c'est par trente-deuxieme. Cette méthode est simple, à portée de l'intelligence des bas-Officiers & des Soldats, parce que le mot présente le nom de la chose.

Au lieu que MOTIONS, PLESIONS, COMPAGNIES COUPLÉES, (PELOTONS, *qui veulent exprimer deux Compagnies réunies pour un mouvement* ;) SECTIONS, & mille autres, que l'esprit de singularité a mis en usage, ne sont entendus de ceux qui doivent les exécuter, qu'à force d'explications sur la signification de convention qu'on a résolu de leur donner.

Ceci posé, je voudrois donc que les Bataillons des Troupes Provinciales fussent formés de dix Compagnies; dont deux de Grenadiers, telles qu'elles existent aujourd'hui, d'autant que cette composition ** les rapprocheroit des Troupes

---

* Les Bataillons de Milice en 1748, & jusqu'à l'Ordonnance du premier Novembre 1761, étoient composés d'une Compagnie de Grenadiers, dits postiches, & de huit de Fusiliers ; cette composition militairement raisonnée auroit dû servir de modèle pour celle de l'Infanterie réglée, aux noms de Royaux & de postiches près.

** Au moment que j'écris (1773) les Bataillons d'Infanterie sont à huit Compagnies de Fusiliers, une de Grenadiers.

réglées, ce qui eſt indiſpenſable , ſi l'on projette effectivement de les mettre en ligne avec
elles , & de leur faire remplacer les Régimens
qui pourroient avoir ſouffert.

Que l'on ſe bornât à enſeigner à ces Corps les
differens pas, à les faire beaucoup marcher, **
connoître ce que c'eſt qu'une file, un rang, une
diviſion quelconque , un quart de converſion ,
d'abord par la plus petite portion, enſuite peu-
à-peu par pluſieurs enſemble ; les doublemens
de diviſion ; marcher en colonne ſimple , rangs
ouverts, rangs ſerrés, ſe mettre en Bataille.

En voilà aſſez pour donner à ces Corps les premiers principes de ce qui s'exécute à la Guerre.

L'exercice que l'on enſeigneroit à ces Régimens dans les Aſſemblées de paix, ne devroit
conſiſter tout au plus qu'en ſix Commandemens
principaux : chargez vos armes, ajuſtez, (au lieu

---

    * L'égalité de la compoſition en Officiers, eſt également nécef-
ſaire , & il l'eſt ſur-tout d'établir l'emploi de Sous-Aide-Major dans
les Régiments Provinciaux, car s'il a jamais paru utile, c'eſt aſſurément dans ces Corps , qui ne peuvent avoir trop d'Inſtituteurs
pour les mettre en état de profiter de la courte durée des Aſſemblées.

    ** *Le principal de l'Exercice ſont les jambes , & non pas les bras ,
c'eſt dans les jambes qu'eſt tout le ſecret de la manœuvre & des Combats;
c'eſt aux jambes qu'il faut s'appliquer , quiconque fait autrement eſt un
ignorant , & n'eſt pas ſeulement aux Eléments de ce qu'on appelle le
métier de la Guerre.* Voyez les Rêveries , Tome premier , Chapitre
premier , Article V.

    J'obſerverai à cette occaſion , que quelques perſonnes s'étoient
laiſſées ſéduire au point de croire que ce livre divin, & qui devroit ſervir d'Evangile Militaire , étoit l'ouvrage de l'Abbé qui
en eſt l Editeur ; donner dans une erreur de cette force, c'eſt être
diſpoſé à croire que les Commentaires de Céſar ſont la production
d'un Aruſpice ou d'un Coribante ; il ne faut que lire pour reconnoître la touche du génie Militaire du grand Général , auquel nous en
ſommes redevables ; il n'eſt pas donné à quelqu'un qui ne ſeroit
pas du métier, & ſublime dans le métier, d'en écrire les moindres,
comme les plus grands détails, avec ce ſtile concis, cette préciſion,
cette aiſance , & en même-temps cette clarté, qui le met à portée d'ê-
tre compris de tout le monde, & il n'appartenoit qu'à lui de dire en
deux lignes, des choſes qui pour être entendues, auroient demandé
un Volume d'éclairciſſements à un eſprit moins maître de ſa matiere.

d'enjoue *qui ne fait entendre la chose que par habitude.*) Tirez; repofez-vous fur vos armes; pofez vos armes à terre; reprenez vos armes; portez vos armes *.

Mais ce dont on devroit s'occuper férieufement, ce feroit de leur apprendre le nom de toutes les parties d'un fufil, à les démonter, les nétoyer, les remettre à leur place, à le charger folidement, en évitant de répandre à terre la poudre de la cartouche, en la renverfant dans le canon; (*ce qui arrive fouvent parce qu'on les preffe*) en leur faifant brûler le premier jour des amorces; le fecond, des coups à poudre, & le refte des jours de l'Affemblée, à balles, à la fible, un à un, en s'attachant à leur bien perfuader que l'effentiel n'eft pas de tirer vîte, mais de tirer jufte : car il feroit bien plus avantageux que le foldat ne tirât dans une Affaire que trois ou quatre coups, en ajuftant, que d'en tirer fept par minute, au hafard, pendant deux heures **.

* Comme on voudroit ; car la chofe eft fi indifférente par elle-même, bien qu'elle ait été difcutée à la plus grande chaleur, & qu'on l'ait changée nombre de fois depuis vingt ans, qu'elle peut être comparée à la fameufe difpute qu'il y eut au XIII fiecle, entre les Cordeliers fur la forme de leur capuchon, & qui occupa fucceffivement quatre Pontifes ; tout ce qu'il faut, c'eft l'uniformité, après avoir confulté la maniere la plus fimple, la plus naturelle, & la plus commode au Soldat, & je croirois que ce feroit de le porter fur le bras gauche tout uniment.

** Comment les gens inftruits, qui fe font oppofés à la tirerie, & qui ont écrit contre, n'ont-ils rien dit de l'état où fe trouve un fufil de Soldat, lorfqu'il a tiré quatre ou cinq coups ; il n'y a point d'Officier qui ne connoiffe la poudre de munition ; elle eft groffiere, le nitre ou falpêtre, le foufre, le charbon dont elle eft compofée, ne font pas mélangés avec un certain foin ; cela eft caufe qu'il y a des parties qui ne s'enflamment point, & après un exercice à feu de pied ferme, on remarque facilement fur le terrein, des traces de poudre tombée du fufil, parallèlement au front, qu'occupoit une Troupe en exerçant, qui pourroient lui fervir d'alignement pour fe remettre en Bataille ; c'eft encore bien pis, lorfque la cupidité a introduit dans fa compofition des matieres hétérogenes à fon effence.

Ces premiers inconvéniens de notre poudre de munition, en pro-

Avec ces commencemens répétés à chaque Affemblées, fix femaines de garnifon fuffiroient
pour leur faire exécuter tout ce que font les Troupes réglées, finon auffi agréablement, au moins
auffi effentiellement pour le fervice du Roi.

Je ne parlerai de l'habillement que pour ap-
plaudir à la beauté & folidité de celui que le
Roi a fait fournir en 1771 *.

Je préfume qu'il en fera de même des armes
& de la buffleterie, lorfqu'on en délivrera de
neuves à ces Troupes; mais je ne peux me refu-
fer à dire un mot fur l'ufage où l'on eft aujour-
d'hui de faire porter le ceinturon fur le ventre :

---

duifent naturellement d'autres, car dès le premier coup, il fe répand
fur la batterie, & particulierement fur fa pierre, une humidité
vifqueufe qui l'empêche fouvent de faire feu, ou qui eft caufe que
les étinceiles qu'elle produic, font en fi petite quantité, qu'il n'en
tombe point fur l'amorce, ou que celles qui y parviennent en font
empâtées, de maniere, qu'elles n'ont plus la chaleur & l'activité néceffaires pour l'enflammer ; le baffinet en eft de même humecté, & de
plus l'on y reconnoît féparément à des marques de couleur rougeâtre
ou citron, les tracces du falpêtre & du foufre non enflammé, & ces matieres que l'effort de l'exploifion chaffe avec violence par la lumiere,
en élargiffent & déchirent l'orifice en très-peu de temps, au point
qu'il en fort prefqu'autant de feu de la bouche du canon ; ce qui
diminue encore la force du coup.

La progreffion de ces inconvéniens augmente fenfiblement à chaque coup de fufil ; l'humidité, dont j'ai parlé ci deffus, devient uue
efpece de fuie glutineufe qui s'attache le long des parois du canon,
& lorfque le Soldat renverfe la cartouche dedans, la plus grande partie s'y arrête, & il n'arrive pas le quart de la charge à la culaffe ; d'ailleurs obligé de bourrer en poffe, la baguette ne pouffe que la balle,
paffe la plûpart du temps fur le papier qui fe colle auffi contre le canon, & qui ne defcend pas affez près de la poudre pour la boucher
hermétiquement, & delà il arrive qu'après un très-petit nombre de
coups, le fufil vomit la balle & ne la chaffe pas.

Si cette obfervation eft fondée, (*& j'en appelle à l'expérience*) ;
pourquoi préférer la vîteffe & le plus grand nombre de coups, dans
un moindre efpace de temps, à l'effet deftructeur que produiroit
immanquablement une plus petite quantité, chargée avec attention,
folidement, & ajuftée fans précipitation.

* Il eût été à défirer que l'on eût adopté en entier la maniere
d'habiller l'Infanterie que propofe M. le Maréchal de Saxe, elle
réunit l'agréable au folide, il n'en eft point de plus commode, de
plus faine, de plus Militaire, ni de moins difpendieufe.

il est inconcevable comment une méthode aussi contraire, à ce qu'indique la nature, a pu s'accréditer, & se soutenir, sans avoir d'autre avantage, que le prétendu coup-d'œil. A-t-on jamais pu imaginer de mettre un lien sur les hanches d'un homme qui doit agir continuellement , & gêner ainsi l'articulation de cette partie la plus essentielle à la marche? Je voudrois que les partisans de cette absurdité , & qui seroient dans la Place de guerre où l'on auroit le plus exercé le Soldat pendant un été, en portant le ceinturon de cette maniere, fussent se mettre à cinquante toises du glacis, pour voir partir ceux qui vont en congé : je leur réponds, que ces Soldats rendus à eux-mêmes, c'est-à-dire à la nature, n'auroient pas fait cent pas, qu'ils leur verroient passer leur ceinturon par - dessus l'épaule, & c'est la vraie façon de le porter : elle est Militaire, elle a bonne grace, & n'a pas le plus léger inconvénient.

Au surplus, c'est la cause générale du Soldat que je plaide ici; car d'ailleurs je ne serois pas d'avis qu'on donnât des ceinturons aux Provinciaux; * ils ne peuvent leur être utiles que pour porter la bayonnette , puisqu'on a supprimé (*avec beaucoup de raison , mais avec bien de la peine ,*) les épées, & cette arme peut être placée sur la bande du buffle, posée sur le porte-cartouche à quatre doigts au-dessus. J'ai vû plusieurs Régimens la porter de cette maniere, qui est fort commode, & la suppression de cette piéce superflue d'équipement, opéreroit en mê-

---

* A l'exception des Sergents & Grenadiers ; je ne sens pas la nécessité d'en donner aux Caporaux & Appointés, & certainement encore moins aux Tambours.

me-tems le soulagement du Soldat , & une épargne pour le Roi.

Le port de la cartouche (*aujourd'hui demi-giberne*) du Soldat , mérite aussi quelque réflexion.

En 1733 , & plusieurs années depuis, on la portoit sur le ventre passée dans le ceinturon au moyen de deux petites attaches de cuir.

Par le Réglement du Roi du 20 Avril 1736, il fut ordonné qu'on la porteroit suspendue en bandouliere de l'épaule gauche au côté droit, tombant sur le côté extérieur & vers le milieu de la cuisse.

Enfin actuellement pour la plus grande facilité de son usage, le Soldat la porte de la même façon, mais par derriere & *encore* plus bas.

Je demande laquelle des trois manieres est la plus naturelle & la plus analogue à la destination de cette piece d'équipement ! Que diroit-on d'un homme qui feroit mettre les poches de son habit aux basques de derriere pour y prendre son mouchoir & sa tabatiere plus commodément ?

Quant à moi je crois que la vraie place de la cartouche est par-devant ; mais comme je suis contre les ceinturons, je la voudrois suspendue en bandouliere de l'épaule gauche tombant sur le ventre , un peu à droite, à la hauteur de l'articulation de la cuisse, de maniere à n'en point gêner le mouvement.

Dans cette position le Soldat verroit ce qu'il feroit , & ne feroit point obligé à faire des conrorsions de corps pour y aller chercher à tâtons la charge.

Le long sabre du Grenadier , est encore un attirail inutile ; personne n'ignore qu'il ne fait

que l'embarraffer à la Guerre, & qu'il lui eft
même fi incommode, en tout tems, qu'il le porte toujours fous le bras, lorfqu'il fe promene. Il
a d'ailleurs l'inconvénient funefte de fervir à
faire perdre les plus braves hommes d'un Corps,
dans la tranquillité des Camps & Garnifons, par
des querelles particulieres : je le fupprimerois en
conféquence aux Grenadiers Royaux & Provinciaux.

Mais comme il eft néceffaire de flatter l'a-
mour-propre de cet homme que l'on fait Grenadier, pour ftimuler fon émulation, il convient
lui attribuer quelque marque qui le diftingue du
fimple Soldat; & l'on pourroit fubftituer à ce
grand, inutile & dangereux fabre, une efpece
de coutelas, long de deux pieds & demi, compris la poignée (*qui feroit fans garniture*) qui auroit cinq pouces : il le porteroit fufpendu en
couteau de chaffe, de l'épaule au côté, par deux
petites courroies de cuir de Ruffie.

Cette lame pointue & coupante des deux côtés, à la longueur de quatre pouces de fon extrémité, refteroit enfuite en remontant jufqu'à la
croifée, à un feul tranchant, tandis que la partie
oppofée fe renforceroit, s'élargiroit & parvien-
droit jufqu'à la largeur d'un petit travers de
doigt.

Une arme, * ainfi fabriquée, auroit du coup,
& réuniroit le danger de la pointe à celui du tail-
lant; & fi les occafions de fe fervir du fabre vis-

---

* C'étoit celle des TRIAIRES Romains, & il s'en fervoient avec
fuccès dans les Batailles; mais ils ne connoiffoient point l'ufage de cette
énorme GARDE dont on entoure la poignée des fabres aujourd'hui;
ils n'y adaptoient qu'une fimple chaînette pour le retenir fufpendu au
poignet, lorfqu'il leur échappoit de la main dans la mêlée.

à-vis de l'ennemi, ne fe préfentent guères, au moins dans le cas où cela arriveroit, celui-ci feroit d'un bien plus grand effet que le précédent.

Mais l'avantage précieux & ineftimable que l'on en retireroit, confifteroit en ce qu'il ne feroit point fujet à former des Bréteurs, fa conftitution préfente la mort de trop près. Les tours d'efcrimes, que la longueur & la forme de celui que je propofe de fupprimer, permettent, ceffent d'avoir lieu, & de fervir de bouclier à un adroit poltron, pour s'en prévaloir à attaquer un vaillant homme qui en ignore le maniement, devant lequel il n'oferoit lever les yeux, fans la certitude qu'il a de cet avantage.

Les Officiers en général étant fous les Armes, en porteroient un de même forme, mais plus propre : ils le quitteroient pour reprendre leurs épées, lorfque la Troupe feroit rentrée, ou le Service fini, comme cela fe pratique à l'égard de l'épée & du ceinturon qu'ils portent actuellement.

Les Sergens, armés de même, feroient obligés de le porter en tout tems.

Il y auroit encore bien d'autres changemens à defirer pour parvenir à cette utile fimplicité fi défirable & fi militaire ; mais les bornes que me prefcrit la forme de cet Ouvrage, ne me permettent pas de pouffer plus loin cet examen, ce que je viens de dire fuffit pour les faire appercevoir.

CHAPITRE

12.

De la dénomination & de la forme qu'il conviendroit donner aux Cartouches que l'on doit délivrer aux Soldats Provinciaux.

LES Cartouches militaires font de trois efpeces, & fe donnent aux Soldats, Cavaliers, Dragons, &c. dans des cas différens.

La premiere efpece a pour objet les Soldats qui ont quelques affaires dans leur pays, & qu'elles obligent à demander à s'abfenter pour un certain tems, on les appelle CONGÉ LIMITÉ.

Celles de la feconde efpece fe délivrent à ceux qui ont fini le tems de leur Engagement, ou auxquels le Roi permet de mettre un homme à leur place, elles fe nomment CONGÉ ABSOLU.

Celles de la troifieme efpece font deftinées aux hommes, qui étant atteints de quelques maladies incurables, difformités, ou qui n'ayant pas la taille prefcrite par les Ordonnances du Roi, ne font pas jugés propres au fervice militaire. Elles font connues fous la dénomination de CONGÉ DE RÉFORME.

Mais toutes ces Cartouches * ont un objet gé-

---

* *Voyez* les modeles que je propofe pour l'ufage des Troupes Provinciales, à la fin du préfent Chapitre, fous les numéros 1, 2, 3.

On vient d'en établir d'une quatrieme efpece ; ce font les cartouches infamantes ; mais il eft à craindre qu'elles ne foient pas d'une grande utilité ; car les coquins auxquels on les donnera auront grand foin de les déchirer auffi-tôt qu'ils auront les champs libres.

néral, qui eſt d'aſſurer l'état des hommes qui
en ſont pourvus, ſoit dans l'ordre militaire,
ſoit dans l'ordre civil, & de faire connoître,
tant à eux qu'aux peuples, au milieu deſquels
ils ont à vivre, les obligations reſpectives qu'ils
ont à remplir, relativement au plus grand bien
du ſervice du Maître commun.

Le Soldat en Congé limité, eſt donc un homme
dans les liens d'un Engagement, & ſoumis à des
Loix militaires, qui lui preſcrivent de joindre
ſon Corps au terme porté ſur ſa Cartouche, & il
convient que l'Officier Municipal, * (*auquel il
eſt obligé de la préſenter par ces mêmes Loix,*) y
puiſſe lire les obligations ** qui le concernent.

Le Soldat, porteur d'un Congé abſolu, rentre
dans l'ordre civil, & dans tous les droits d'un
Citoyen, & ſa Cartouche doit conſtater ſes ſer-
vices, & le faire jouir des graces qu'ils peuvent
lui avoir mérité, & cette piece lui eſt ſi pré-
cieuſe par ces motifs qu'elle devroit être en par-
chemin, afin qu'elle s'uſe moins promptement.

Le Congé de réforme a le même objet que le
précédent, & de plus doit faire connoître les
cauſes qui ont forcé l'homme à quitter le Service.

Si ces différentes pieces paroiſſent néceſſaires aux Soldats des Troupes réglées, elles
ſont eſſentielles à ceux des Troupes Provinciales;
car indépendamment des objets que celles-ci

---

* *Voyez* l'Article 25 de l'Ordonnance du 4 Août 1771.
** Il conviendroit auſſi de ſupprimer la condition preſcrite par
la derniere ligne dudit Article 25 de la même Ordonnance,
dont l'exécution eſt impraticable, d'ailleurs pour mettre les Maires,
Echevins, &c. en état de remplir plus aiſément la partie poſſible du
ſuſdit Article; il faudroit leur envoyer les permiſſions qu'ils ſont
obligés de donner aux Soldats Provinciaux, Imprimées par la voye
des Intendants, afin que ces gens, pour la plûpart payſans, n'ayent
que les blancs à remplir.

ont de commun * avec les premieres, elles doivent encore leur servir de TITRE pour les Exemptions de Taille, Capitation, Collecte **, &c, que le Roi leur accorde en certains cas par ses Ordonnances.

Ces Observations m'engagent à proposer en faveur de ces dernieres les MODELES DES CARTOUCHES *** ci-après, qui, sans les rendre plus volumineuses que les anciennes, réunissent cependant tout ce qui peut leur procurer l'efficacité nécessaire.

Mais comme je me suis permis de faire quelques changemens dans leur composition, il convient d'en expliquer les motifs; en conséquence j'établis,

1°. Que lorsqu'il est question de faire parler & agir la Loi, ce doit être au nom du Souverain, qui l'a promulguée; c'est pourquoi je commence par un DE PAR LE ROI, afin que chacun sache que tout ce que contient la Cartouche, est ordonné par lui, & que tous ceux dont on y lit les signatures, ne font que les exécuteurs de ses volontés.

2°. Que le nom de CONGÉ ABSOLU est impropre, relativement à *un Soldat Provincial*, en ce qu'il suppose un *Engagement* dont il n'est pas question, mais seulement d'un devoir patriotique à remplir par tout Citoyen, (*au moins cela*

---

* Comme les chevrons & la vétérance accordés par l'Ordonnance du 16 Avril 1771. Mais si mon système étoit reçu, cette Communauté n'auroit plus lieu par rapport à ces objets. *Voyez* ce que je propose à cet égard, Chapitre 5, pag. 22.

** *Voyez* l'Article 50 de l'Ordonnance du 27 Novembre 1765.

*** Je voudrois néanmoins que l'encadrement de la Cartouche, fût analogue à la nature de la Troupe, & que les instrumens de l'Agriculture, des Arts & Métiers y fussent ingénieusement contrastés avec les Armes, & autres attributs de la Guerre. Les modèles que je joints ici en présentent une esquisse.

devroit être ainsi,) & la dénomination de CERTI-FICAT MILITAIRE, *pour Service Provincial rempli,* a semblé plus analogue à l'espece d'hommes auquel il doit être délivré.

3°. Que toutes les soufcriptions employées juſqu'ici pour valider les cartouches, font mal énoncées, relativement à l'état de la perſonne qui parle.

Par exemple, le Colonel ou Commandant du Corps, & le Commiſſaire des Guerres, ſe ſervent de la même expreſſion, & cette redondance monotone de Vu *par Nous Colonel*; Vu *par Nous, Commiſſaire,* &c, eſt déplacée.

Les Souſcriptions que j'ai ſubſtituées, font plus analogues à chacun des perſonnages qui parle ſelon ſon état. Par exemple, un Colonel commande ſon Régiment, & lorſqu'il juge à propos d'accorder un Congé, ſoit abſolu, ſoit limité, *il ordonne au Major* de l'expédier : celui-ci *expédie, & le préſente à l'Inſpecteur qui l'approuve.*

Enſuite on le porte au Commiſſaire; mais ſa ſignature n'eſt point eſſentielle à la validité des Congés, elle n'eſt néceſſaire que pour conſerver la paie d'abſence à un Soldat qui va en Congé limité, & pour le paiement du décompte qui peut être dû à ceux qui obtiennent des Congés abſolus, ſoit d'ancienneté, ſoit de réforme, & qui pourroient le perdre, ſi, faute d'avoir ſigné les Congés, les Commiſſaires ne les comprenoient pas comme préſens dans l'arrêté de leur Revue.

Ainſi cette ſignature eſt un ſimple CERTIFICAT, que l'homme eſt, ou étoit effectivement, Soldat au Régiment, qu'en cette qualité il doit

jouir

I
I
PARIS

jouir de sa paie pour tant de jours, qu'il l'emploie de cette façon sur le Contrôle de la Revue de subsistance, &c. Par conséquent l'expression dont il doit se servir est, CERTIFIÉ *par Nous*, &c.

C'est donc pour ces différentes raisons que l'on a mis sur les Modeles proposés.

ORDONNÉ par Nous, Colonel.

EXPÉDIÉ par Nous, Major.

APPROUVÉ par Nous, Inspecteur.

CERTIFIÉ par Nous, Commissaire des Guerres.

CHAPITRE

13.

Du Commandement de l'exercice & manœuvres propres aux Troupes Provinciales.

IL est absolument essentiel que les Officiers soient instruits, qu'ils sachent enseigner & faire exécuter aux Soldats, qui leur sont confiés, tout ce qu'ils doivent savoir : il l'est même qu'ils le soient au point de commander l'Exercice & les manœuvres à leurs Corps en général, & c'est fort bien fait de les y habituer ; mais ce ne devroit être qu'à titre d'école pour eux, & pour les mettre dans le cas de suppléer celui dont par état c'est l'affaire, si, par un accident inopiné, il venoit à manquer, car je pense que le bien du Service demande que ce ne soit que dans ce cas seulemem qu'ils se mêlent de cette besogne : l'uniformité est si nécessaire dans le Commandement, que le Régiment le plus au fait, fera tout de travers, s'il n'est pas commandé du ton qui lui est familier.   F

Une bonne poitrine, un timbre sonore & mâle, une belle prononciation, sont des dons de la nature que l'on doit nécessairement rechercher dans les Sujets dont on veut faire des Majors & des Aides-Majors, Officiers, qui, par leurs emplois, sont destinés pour remplir cette pénible & importante fonction, à laquelle tous ceux qui ne sont point doués de ces qualités, ne sont pas propres : car il n'y a rien de si ridicule que d'entendre un Officier qui commande avec une voix grêle, un ton de fausset, l'accent marqué de sa province ; ou bien un autre, qui tire avec effort des sons rauques & enroués du fond de son estomac, qu'il jette en avant, & qui ressemblent plutôt aux beuglemens d'un taureau, qu'à la parole d'un homme *.

Il arrive que le Soldat rit de l'un, n'entend pas l'autre, & n'apprend rien, ou gâte & fait mal ce qu'il fait.

Mais cependant ces mêmes Officiers, avec leurs vices d'organes, si d'ailleurs ils sont instruits, n'en seront pas moins en état de remplacer les Officiers Majors s'ils viennent à être tués, & de faire exécuter les mouvemens qui deviennent nécessaires, parce qu'alors on avertit division par division, de celui que l'on va faire, & le Soldat qui n'a pas envie de rire, & que le danger engage à l'attention, comprend le Commandement, de quelque ton qu'il lui soit fait, & l'exécute ; mais hors ces cas extraordinaires, il conviendroit laisser remplir cette besogne aux Majors & Aides-Majors, suivant l'ancien usage.

Tandis que je suis sur ce Chapitre, je ne puis me refuser à dire un mot d'un autre ridicule qui s'est introduit dans la maniere de faire les Com-

---

* Je ne cite rien là dont je n'aie été témoin.

mandemens : fous prétexte de les rendre plus brefs, plus prompts, & de leur donner plus d'exécution, on les a réduits à des fons inarticulés, plus femblables au langage de quelques hordes de Sauvages de l'Amérique dont nous parlent les Voyageurs, qu'à du François : ne guérirons-nous pas de ce vertige qui nous poſſede depuis quelques années, de ne vouloir plus être ce que nous fommes, & de paroître ce que nous ne fommes pas. Il n'eſt point de langue plus expreſſive que la nôtre, plus capable de donner de l'énergie aux Commandemens Militaires, & plus faite pour parler à des hommes.

Revenons-y donc & parlons-la, je défie que les coups de gofier que nous donnons avec une pitoyable affectation, foient plus déterminans pour faire partir le foldat, que fi, (*comme il y a feulement quelques années, & non pas en remontant jufqu'à ces tems que nos faifeurs modernes appellent par dérifion les tems* * *d'ignorance,*) nous commandions intelligiblement & lentement en appuyant fur les premieres fyllabes du commandement, & en prononçant ferme & bref les deux dernieres, comme par exemple, ap-prê-tez *vos Armes*, ainſi des autres, en inſtruifant le Soldat que tout le commencement du commandement ne fert que d'avertiſſement, & qu'il ne doit partir pour l'exécuter qu'à l'inſtant où il finit, qui lui eſt annoncé par la ceſſation précipitée du fon :

* Ce font pourtant les temps où nos Troupes gagnoient les Batailles à Parme, Guaſtalle, &c. en 1734 ; Fontenoy, Lauffeldt, Raucourt, en 1745, & fuivantes, & à ces époques l'on ne tiroit pas encore fept coups par minute, car la fureur des nouveautés ne commença à bouillonner dans les têtes qu'en 1753, mais elle n'a fait qu'augmenter depuis.

ce que je viens de dire amene naturellement une autre obſervation.

Il eſt ſans difficulté que les premiers principes & les détails de l'éducation tactienne, doivent être l'ouvrage de la parole; mais lorſque le Soldat fait exécuter ce qu'on lui a enſeigné, il ne faudroit plus ſe ſervir que du Tambour dans toutes les circonſtances où il ſeroit queſtion d'exercer & manœuvrer, ſoit en tems de paix, dans les occaſions de ſimples parades, ſoit à la Guerre, dans les combats effectifs.

La Caiſſe a des avantages infinis ſur la voix, même telle que je repréſente qu'il la faut pour rendre parfaitement le Commandement; car indépendamment des inconvéniens que j'ai remarqués ci-deſſus, & la difficulté qu'un homme puiſſe ſe faire entendre à trois ou quatre Bataillons, (*inconvénient auquel on n'a ſu d'autre remede que de faire répéter le Commandement à chaque Bataillon, mêlange de voix qui produit une cacophonie ridicule dans les Commandemens, du diſcord & de la lenteur dans l'exécution des mouvemens.*) Que d'incidens tels que par exemple, le vent contraire, la fumée, la pouſſiere qui tous peuvent empêcher inopinément l'effet du Commandement à la voix.

Au contraire, en ſe ſervant de la Caiſſe, dont les ſons, toujours juſtes & ſans ceſſe les mêmes, ſe répétent uniformement ſur toute une ligne, au ſignal que fait aux tambours celui qui commande *. Tout s'ébranleroit en même-tems,

* Il ne ſeroit queſtion que de déterminer les mouvemens que devroient indiquer les différentes batteries, & d'y familiariſer le ſoldat; cela avoit lieu autrefois, mais chaque Corps donnoit aux batteries la ſignification qui lui convenoit. Aujourd'hui l'Ordonnance du premier Janvier 1766, titre 6, traite cet objet, mais c'eſt ſi ſuperficiellement, qu'il en faudroit une nouvelle qui, en étendant la matière, en aſſurât l'uniformité générale.

& produiroit cette unanimité d'exécution que l'on cherche, & qui indépendamment du coup-d'œil, peut souvent décider & accélérer la victoire.

Des signaux muets, (*tels qu'on les faisoit avec la canne, & qu'on les fait également aujourd'hui avec l'épée,*) une fois convenus & établis, se répétent de proche en proche avec la promptitude de l'éclair, & l'exécution peut suivre comme la foudre celle-ci, mais sans bruit, & par conséquent sans confusion.

Alors le physique de l'organe n'est plus la qualité indispensable du Commandement, & si l'Officier qui le fait vient à être tué, tous ceux du Corps, sans exception, peuvent le suppléer par les mêmes signaux, que chacun est en état d'exécuter, pourvu qu'il ait une tête & des bras.

CHAPITRE

14.

Des Compagnies de Grenadiers des Régimens Provinciaux.

LE Génie, qui nous a donné l'Esprit des Loix, y établit pour maxime,

Que *le Mieux est presque toujours l'écueil contre lequel le Bien se perd.*

Elle peut, je crois, s'appliquer à ces Corps d'élites isolés, excellens en eux-mêmes, mais qui ne peuvent exister qu'au détriment des Troupes ordinaires.

Les Régimens de Grenadiers Royaux, * me
semblent être dans ce cas, par rapport aux Soldats des Régimens Provinciaux.

1°. Ils en affligent l'amour-propre, flétriſſent
leur ame, & énervent en elles l'émulation, au
lieu de l'exciter.

2°. Ils les détruiſent, en y puiſant ſans ceſſe
pour ſe recruter, & réparer les vuides qu'une
Bataille, un événement malheureux, les maladies, peuvent y occaſionner.

Mais autant je goûte peu ces ſortes de Troupes ſéparées, autant je ſuis pour que dans chacun des Bataillons, dont les Régimens Provinciaux ſont compoſés, il y ait un certain nombre
de bons, honnêtes & braves hommes, qui,
après avoir mérité la conſidération de leurs ca-

---

* Je ne ſçais pourquoi on a donné le nom de Royaux aux
Grenadiers de la Milice, non plus qu'à nombre de Corps ; toutes
les Troupes qui ſervent un Roi ſont des TROUPES ROYALES,
comme toutes celles qui ſervent un EMPEREUR, ſont des TROU-
PES IMPERIALES: ſi l'on vouloit en diſtinguer particulierement
quelques-unes, il ſeroit plus naturel d'ajouter une épithéte priſe
d'une belle action, qu'elles auroient faite, ou d'un lieu où elle ſe
ſeroit paſſée pour en perpétuer le ſouvenir, & contribuer à l'é-
mulation. Il faut des noms aux choſes, c'eſt une néceſſité ; mais
bien que lorſqu'ils ſont une fois donnés, l'uſage rende familiers
les plus hétéroclites ; je crois qu'il ſeroit mieux de faire dépendre
leur choix de la nature de la choſe qu'ils doivent ſignifier.

Celui de POSTICHES qui dans ſon principe n'étoit qu'un *quolibet* de
Camp, a été conſacré dans les Ordonnances du Roi, & dès-là, a ceſſé
de paroître ridicule, on s'y eſt accoutumé très-ſérieuſement.

On en a vu un autre du même genre, & qui auroit peut-être fait
pareille fortune la Guerre derniere, ſi la paix ne ſe fût pas faite, lorſqu'il commençoit à prendre faveur : c'étoit le mot de SUSPECT qui
s'étoit introduit d'abord dans la Soldateſque, & enſuite parmi l'Officier, pour exprimer un homme qui reſtoit au Camp, à cauſe qu'il
étoit le premier à marcher. Il étoit eſſentiellement néceſſaire, d'a-
néantir le nom de MILICE, parce qu'il étoit tombé dans le mépris ; mais celui qui auroit paru propre à lui être ſubſtitué, ſe
préſentoit dans la choſe même : car cette eſpece de Citoyens domiciliés, raſſemblés militairement, forme naturellement des TROU-
PES CITOYENNES ; le nom de COLONEL CITOYEN ne prêteroit pas
davantage aux ſarcaſmes des mauvais plaiſants, que celui de CO-
LONEL PROVINCIAL, & paroîtroit certainement plus reſpectable aux
bons Patriotes.

marades, par une fageffe & une valeur recon-
nues, y forment une tête eftimable, & leur deviennent un objet de refpect & d'imitation.

Ces efpeces de TRIAIRES ne s'y regarderoient
plus comme étrangers: l'honneur du Corps en général leur feroit précieux; ils y rapporteroient les
belles actions qu'ils feroient & la gloire qu'ils
acquerroient lorfqu'ils en feroient détachés : en
un mot, ce feroit des gens tels que les Grenadiers des Régimens d'Infanterie réglée.

Il eft d'ailleurs bien moins à charge (& *certainement moins chagrinant ,*) pour un régiment, de
pourvoir au remplacement des hommes qui viennent à manquer dans fa propre Compagnie de
Grenadiers, que de fournir ceux qu'il deftineroit
à cet ufage, à des Corps particuliers.

Dans le premier cas, c'eft un pere de famille
qui racommode fa maifon, & fes enfans qui ne
la quittent que momentanément, s'intéreffent à
le feconder pour contribuer avec lui à la folidité,
dignité, & décoration de l'édifice; tandis que dans
le fecond, ce font des gens perdus pour la Troupe
qui les donne; & qu'il eft d'autant plus mortifiant
de fe voir enlever, que les hommes de l'efpece
dont il les faut pour faire des Grenadiers, n'eft
pas commune, & que leur privation dépare le
Corps dont ils font tirés.

En fupprimant ces Régiments, & en laif-
fant ces Compagnies à leurs Corps naturels,
le Miniftre économiferoit * des Etats Ma-

---

* Par la fuite, car il feroit jufte de conferver à ces Etats Majors,
les appointements dont ils jouiffent, jufqu'à ce que les Officiers
qui les compofent fuffent placés , comme l'exige leur diftinction ;
& fi l'on adoptoit la compofition générale de ce Corps, telle que
je la propofe, Chapitre premier, ce feroit aux Colonels de ces
Régiments qu'il conviendroit donner le Commandement des Brigades des Régiments Provinciaux.

jors, & n'en auroit pas moins cent Compagnies de Grenadiers, à envoyer à la Guerre lorſqu'il le jugeroit à propos; mais alors ce ne feroit que comme détachés du Régiment Provincial, où elles retourneroient le Détachement ou la Compagne * finie. Il nommeroit pour commander momentanément ces Détachements, des Officiers à ſon choix.

Enfin, ſi ce moyen ne paroiſſoit pas convenir, & que l'on voulût abſolument des Régiments de Grenadiers Royaux, au pis aller, il vaudoit mieux les féparer abſolument des Régiments Proviciaux, qui leur fourniroient cependant leurs Recrues; mais il faudroit les faire choiſir par les Infpecteurs en perſonne, & non par les Officiers fupérieurs des Grenadiers Royaux, choſe toujours défagréable pour ceux des Régiments Provinciaux. Mais de façon ou d'autre, il n'y aura jamais de bon efprit de Corps dans les Régiments Provinciaux, tant que les choſes reſteront à cet égard ſur le pied où elles ſont encore aujourd'hui.

CHAPITRE

15.

De la maniere dont il feroit poſſible de compoſer le Corps d'Officiers des Troupes Provinciales.

IL eſt en effet très-difficile de pourvoir le Corps des Troupes Provinciales d'Officiers, tels qu'il ſeroit à déſirer; car une exiſtence momentanée,

---

* *Voyez* ma feconde lettre ſur la Milice, page 8 & 9.

point ou très-peu d'Appointements, les Graces dans une perspective fort éloignée, & même annoncées avec des nuances désagréables; tout cela n'est guere propre à stimuler les bons Sujets à y servir.

Cependant il auroit été possible, lors de la formation de ces Corps, de diminuer en partie ces inconvéniens, en prenant quelques arrangements.

Par exemple, à l'égard des Capitaines, le Royaume est rempli de jeunes Chevaliers de Saint-Louis, qui après avoir obtenu la Croix, ont vîte fait, ce qu'on appelle un *accommodement*, demandé leur Retraite; & qui l'ayant obtenue, avec une Pension, s'en sont allés vouer à l'oisiveté la moitié de leur vie, & le tems où ils pourroient être plus utiles au service du Roi par les connoissances qu'on doit les supposer avoir acquises, & rien ne devoit paroître plus juste que d'obliger ceux qui sont au-dessous de *quarante-cinq ans*, & qui jouissent d'une bonne santé constatée, d'y prendre des Compagnies, sous l'alternative de perdre leurs Pensions de Retraite, qu'il auroit fallu au contraire conserver à ceux qui se seroient prêtés de bonne grace, quand même il plairoit au Roi d'augmenter à l'avenir le traitement des Capitaines des Régiments Provinciaux.

A l'égard des Lieutenants, le moyen étoit encore plus simple; c'étoit de les prendre dans la Classe des Eleves instruits de l'Ecole Militaire, & ces emplois par lesquels ils auroient dû nécessairement passer avant d'en obtenir dans les Troupes réglées, & desquels ils auroient été prévenus de n'être pourvus que sur les comptes qu'auroient rendus d'eux les Chefs des Régiments

Provinciaux, leur auroient été un puiſſant véhicule
pour les porter à mériter d'y paſſer ; on les auroit
fait partir de l'Hôtel pour ſe rendre à leurs Corps
reſpectifs, lorſque les Aſſemblées en auroient
été annoncées, & ils y ſeroient rentrés immédiatement après qu'elles auroient été finies, pour
attendre dans une claſſe nouvelle & diſtinguée
qu'il eût plu au Roi de les placer d'une maniere plus
permanente ; ces voyages ſe ſeroient faits par les
voitures publiques ou ſur des routes ; & cette
légère dépenſe eût ſemblé devoir être comptée
pour peu de choſe en comparaiſon du bien qu'elle
eût produit, ſur-tout ſi, ſuivant l'eſprit qui a
préſidé à cette fondation reſpectable, on s'étoit
fait une loi rigoureuſe de n'admettre à l'Ecole
Militaire que les Enfans de l'exactement *pauvre
Nobleſſe* : car il ſeroit arrivé que le Gentilhomme
indigent ne ſeroit plus venu couvrir ſon ignorance
& ſa miſere d'un uniforme d'Officier Provincial *
ſous lequel il croupit auſſi malheureuſement qu'i-
nutilement dans l'une & dans l'autre ; ils auroient au contraire apporté dans ces Corps les
fruits de l'heureuſe éducation qu'ils auroient
reçue dans cet auguſte aſyle, & auroient commencé ainſi l'acte de reconnoiſſance qu'ils doivent à la munificence du Roi, en faiſant l'application des Principes Militaires qu'ils auroient
acquis, en faveur des nouveaux Soldats, près
deſquels Sa Majeſté les auroit placés.

Mais cela ne s'eſt pas fait, & en prenant les choſes comme elles ſont, le plus expédient aujourd'hui
ſeroit de faire un ſort convenable à ces Officiers ;
choſe indiſpenſable, ſi l'on veut y attirer des ſujets

---

* On ſçait bien que cette nouvelle dénomination, dont je me
ſers, entraîne une rétrogradation à celle de Milice.

de l'espèce dont il est à désirer qu'ils soient composés , & d'en laisser absolument le choix aux Colonels intéressés par état à se former un Corps d'Officiers, à la tête duquel ils se fassent honneur de se trouver; l'Inspecteur auroit seulement le droit de révision , & rendroit compte au Ministre des erreurs qu'il auroit pu remarquer dans le susdit choix.

CHAPITRE
16.
DES ENSEIGNES,
Improprement appellés Drapeaux *.

L'OBJET de l'institution des Enseignes (mal-à-propos nommées depuis Drapeaux), est de tenir un Corps réuni, & de le rallier lorsque par quelque événement il se sépare. Les Drapeaux dont on se sert aujourd'hui ne sont point propres à produire cet effet, sur-tout lorsqu'il y a plusieurs Corps ensemble ; car à trente pas on ne reconnoît plus à quel Régiment ils appartiennent à travers le bariolage des couleurs qui se perdent dans l'immensité du taffetas qu'on y emploie ** ; le Drapeau BLANC sur-tout est de la plus parfaite inutilité, puisqu'il ne sert qu'à indiquer qu'il y a un Colonel à la tête du Corps où on le voit:

---

* Ce nom a même toujours paru si bisarre aux Troupes , que par plaisanterie, les jeunes Officiers & les Soldats le nomment entr'eux le Chiffon.

** Cette ampleur les rend très-embarrassants quand il pleut ou qu'il vente , car alors à peine l'homme le plus fort le pourroit-il tenir déployé.

ce que tout le monde fait, & qui eſt très indifférent à ſavoir. D'ailleurs, comme on fait dépendre l'honneur d'un Corps de la conſervation
de ſes Drapeaux, les multiplier c'eſt augmenter
les inquiétudes du Chef, & partager d'autant
plus l'attention de tous les Officiers. En 1733 il
n'y avoit qu'un ſeul Drapeau dans chaque Bataillon de Milice, & il étoit de couleur. Il me ſemble qu'il n'en faudroit pas davantage ; le véritable
honneur eſt un, & cette unité indique la néceſſité
de la réduction des objets auxquels on l'attache.

Par une ſuite de la même idée, les Drapeaux
des *Régimens Provinciaux* ne devroient pas être
ceux des *Régimens de Province*, & je crois que
le taffetas devroit être de moitié moins large ;
cet étalage ne peut être bon à rien. Cette Enſeigne devenue unique * à chaque Bataillon re-
préſenteroit d'un côté les armes de la Province,
& de l'autre le nom de la Ville que porteroit le
Régiment **, le tout en lettres jaunes ſur un
fonds bleu ; il conſerveroit d'ailleurs une courte
cravate blanche, parce que c'eſt la couleur affectée
à la Nation ; on le placeroit entre les deux files
du centre du Bataillon, un pas en avant du premier rang du Régiment ; il ſeroit ſans doute encore mieux entre les deux mêmes files du ſecond
rang, ſi l'uſage de donner ces emplois de Porte-
Enſeignes à de très jeunes gens *** ne s'y oppo-

---

* *Voyez* le modele que je propoſe dans la page ci-contre. Au ſurplus ſi l'on n'étoit pas ſatisfait de cette Enſeigne, on pourroit voir
celles dont M. le Maréchal de Saxe donne les deſſeins dans ſes Rêveries.

** Et dans le premier Quartier de droite à gauche, un chiffre
déſignant le rang qu'il tient dans les Troupes Provinciales.

*** Le Lecteur voudra bien ſe rappeller que je n'écris que pour les
TROUPES PROVINCIALES : car autrement, ce que je dis ici porteroit
à faux par le ſage établiſſement des Portes-Drapeaux, qui a lieu dans
les Troupes réglées depuis l'Ordonnance du 10 Décembre 1762 ; mais
il n'eſt pas encore en uſage dans les Troupes Provinciales.

foit, car ils courroient rifque d'être ferrés, foulés de tous côtés par les Soldats, n'ayant ni la taille, ni la force néceffaire pour fe maintenir & fe conferver dans une pareille pofition. C'eft pourtant celle à peu près où ils font encore par l'Ordonnance du premier Janvier 1766, & à laquelle les Troupes Provinciales font obligées de fe conformer, quoique d'ailleurs elles ne foient pas autorifées à pourvoir de ces emplois intéreffans des hommes de l'efpèce dont on fait les Porte-Drapeaux dans les Troupes réglées, ufage dont nous devons l'exemple aux Romains, qui, ainfi qu'on le voit dans *Vegece*, ne les donnoient qu'aux plus grands, aux plus fages & aux plus braves fubalternes des Cohortes.

CHAPITRE

17.

Des Ordonnances du Roi & Lettres du Secrétaire d'État de la Guerre.

IL s'eft introduit un ufage dans la Légiflation Militaire, dont les effets font très-contraires au bien du Service ; c'eft lorfque le Roi rend une nouvelle Ordonnance fur des établiffements déja exiftans, d'ajouter à la fin un Article qui dit,

» *N'entend Sa Majefté déroger à fes Ordonnances* » *des* . . . . . .

» *QU'EN CE QU'ELLES AURONT DE CON-* » *TRAIRE A LA PRÉSENTE.*

Il arrive que la derniere rendue antérieurement à celle qui fort de la preffe, a elle-même dérogé à une précédente, fauf auffi quelques Articles auxquels elle a conservé l'activité par le même moyen ; & ces exceptions multipliées peuvent remonter d'encore en encore jusqu'à la premiere Ordonnance, * qui a été faite sur l'objet.

Comme par exemple celle du 25 Février 1726, relative à ce que l'on traite ici, laquelle à force de dérogations, ne présente plus qu'un tronc mutilé, sur lequel, s'il reste quelques petites parties entieres, on ne parvient à les découvrir qu'après s'être excédé d'ennui & de dégoût à les y chercher ; d'ailleurs cela entraîne la nécessité d'une quantité de papiers que l'Officier particulier n'est souvent pas en état de porter par-tout avec lui, ni même à portée de se procurer ; de-là il arrive que la plûpart se fixent tout uniment sur une nouvelle Ordonnance qui paroît, s'en rapportent aux oui-dires, pour les Articles des anciennes, que celle-là cite comme non dérogés, agissent en conséquence, & avec la meilleure intention possible, font ce qu'on appelle des sottises à livre ouvert.

Il y a d'ailleurs un autre inconvénient, c'est *le défaut d'une publicité* généralisée : car indépendamment des Ordonnances, *qui ne font pas imprimées*, on est dans l'usage de n'envoyer celles qui le font, qu'aux Corps qu'elles ont pour objet, & même en très-petite quantité.

Par exemple, à *l'Artillerie*, *celles qui la regardent*, ainsi des autres ; les Officiers de l'Infanterie, de la Cavalerie, &c. les ignorent, ou n'en appren-

---

* Indépendamment du Recueil en 5 Volumes de *Briquet* (*Livre aujourd'hui non-seulement inutile, mais même dangereux.*) & d'un grand nombre d'Ordonnances rendues depuis, que je me suis procurés, j'ai fait une Collection de celles qui ont paru depuis 1762, je les ait fait relier, & elles formoient déja au premier Janvier 1770, 3 Volumes gros *in-4°.* & assurément je n'ai pas tout, cependant si l'on en vouloit extraire les Articles non dérogés, il n'en resteroit peut-être pas un *in-8°.* Comment se tirer de ce dédale ?

nent l'exiſtence & les diſpoſitions que par ricochet, & toujours très-imparfaitement. Ignorance involontaire, qui peut occaſionner des quiproquo, d'une très-dangereuſe conſéquence: rien cependant n'eſt ſi facile, que de remédier à cet abus.

PAR EXEMPLE.

Au lieu de l'Article, *n'entend Sa Majeſté déroger*, &c. que l'on emploie dans les nouvelles Ordonnances, il ſeroit eſſentiel de rapporter ſoigneuſement dans celles que l'on fait, tous les Articles dont le Roi veut conſerver les diſpoſitions en activité, * & en faire un à la fin, qui porte préciſément le contraire de celui qui eſt en uſage.

SAVOIR;

» *Entend Sa Majeſté qu'au moyen de la Pré-*
» *ſente,* » *toutes Ordonnances rendues antérieu-*
» *rement ſur le même ſujet, demeurent abrogées,*
» *de nul effet, & regardées comme non avenues ;*
» *défend à qui que ce ſoit de s'en autoriſer, &*
» *de les citer en aucunes circonſtances.*

Au ſurplus, rien ne paroît ſi eſſentiel que de refondre aujourd'hui les Ordonnances rendues ſur les Milices, & d'en faire une abſolument nouvelle **, propre aux Troupes Provinciales, qui anéantiſſe toutes les autres

On en adreſſeroit trois ou quatre Exemplaires ***

---

* Je ne conçois pas ce qui pourroit empêcher que cela ne ſe fît, car ce travail eſt l'affaire du Copiſte & de l'Imprimeur.

** C'eſt ſans doute ce que fera celle dont on fait que le Miniſtre s'occupe.

*** Il ſeroit néceſſaire d'ordonner que l'on conſervât un exemplaire de chaque Ordonnance dans les Archives de chaque Régiment ; on les feroit relier à la fin de chaque année, & on laiſſeroit une certaine quantité de feuilles en blanc, pour y faire note des changements, renvois, dérogations, &c. cette dépenſe ſeroit plus utile que celle que l'on fait très-abuſivement, annuellement, pour une immenſité de Contrôles de déſerteurs, imprimés en *in-4°.* ſur leſquels il n'en a jamais été arrêté un ſeul, & qui coûtent des ſommes très conſidérables.

à chaque Régiment Provincial, ou de Grenadiers
Royaux, aux Commiſſaires, aux Commandants
des Places, &c.

Ceci me conduit naturellement à une obſervation importante ſur les Lettres du Secrétaire
d'Etat de la Guerre.

Lorſque le Roi nomme un Miniſtre, il donne
néceſſairement ſa confiance au Sujet qu'il a choiſi,
& lui abandonne en même-temps les portions de
ſa Puiſſance, qui conviennent à la geſtion du Dé-
partement dont il l'a chargé.

Dès-là le Promu eſt naturellement Interprète
des volontés du Maître. Ses Lettres expliquent
les Articles des Ordonnances, dans leſquels il
peut y avoir de l'ambiguité; éclairciſſent ceux
qui ſont obſcurs; décident ſouverainement les
cas douteux, & les difficultés qui s'élèvent dans
le Service; tout le Militaire leur doit ſans doute
reſpect & obéiſſance : mais ce ne pourroit être
que par erreur, s'il arrivoit que quelques-unes
de ces Lettres infirmaſſent des Articles d'Ordonnances en vigueur ; & cela doit d'autant moins
arriver, que dépoſitaire du pouvoir légiſlatif, en
cette partie, ſi quelque Article lui paroît défec-
tueux, il peut l'anéantir par une autre Ordonnance, qu'il eſt à ſa diſpoſition de compoſer
conformément à ce que la ſageſſe de ſes vûes lui
dicte, & de la faire revêtir des formalités, qui
ſeules peuvent la rendre légitimement légale.

F I N.

[illegible]

9 782329 073446